KB131338

조선에서 여성으로 산다는 것

운명과 저항의 갈림길에 선
조선 여성들의 내면 읽기

조선에서
여성으로
산다는것

임유경 지음

역사의아침

일러두기

- 인용된 번역은 원문에 충실하되, 독자의 이해를 돕기 위해 풀어 썼다.
- 인명을 포함한 외국어표기는 국립국어원 외국어표기법과 용례에 따라 표기했으며 최초 1회 병기를 원칙으로 했다. 단, 본문의 이해를 돕기 위해 필요한 경우 다시 병기했다.
- 본문에 전집이나 총서, 단행본 등은 《 》로, 개별 작품이나 편명 등은 〈 〉로 표기했다.

한 시대를 살다 간
수많은 여성들의 욕망

몇 년 전 조선 선비들의 편지로 그들의 삶을 들여다보는 시도를 해본 적이 있었다. 환경은 우리와 많이 달랐지만 살면서 느끼는 감정이나 인생을 바라보는 태도는 별반 다를 것이 없던 조선 남자들의 내면을 들여다보며 함께 그 시대를 살다 간 여성들의 삶을 생각하게 되었다.

조선의 여성들은 직접 자신의 이야기를 서술하는 경우가 드물기 때문에 여성이 쓴 편지와 수필 성격의 글과 함께, 주변 인물들이 남겨놓은 글도 엮어 조선 여성들의 삶을 살펴보았다. 이 책에는 기생이나 다모茶母와 같은 밑바닥 인생에서부터 왕실의 공주에 이르기까지 다양한 계층의 여성이 등장한다.

성리학의 이념을 떠받들던 나라에서 여성으로 산다는 것은 자기를 버리며 산다는 것을 의미했다. 학문을 좋아한 임윤지당任允摯堂과 김삼의당金三宜堂, 풍류를 즐길 줄 아는 여성 송덕봉宋德峰과 예술가로서 입신의 경지에 오른 신사임당申師任堂은 비교적 자기의 세계를 이루며 살았으나 한편으로는 끝없이 자기를 버리며 살았다.

 여성으로서는 드물게 학문에 전념했던 임윤지당은 맛있는 음식이 입에 맞는 것처럼 학문을 좋아해 그만두려 해도 그만둘 수가 없었다고 술회했다. 많은 역사와 사상에 대한 해박한 논술을 보면 그녀가 읽은 책의 양이 엄청나다는 것을 알 수 있다. 그래서 그녀는 후세에 자신의 학문을 평가해줄 누군가를 기다리며 자신의 글을 묶어 문집으로 만들었다. 임윤지당보다 50년 뒤의 인물인 강정일당姜靜一堂은 그 문집을 읽고 용기를 얻어 학문을 계속할 수 있었다.

 매죽당 이씨가 조옥잠趙玉簪이라는 여성과 우정을 나누다가 둘 다 일찍 세상을 떠나고 말았다는 이야기를 읽다보면 그 시대의 여성들은 우정을 나눌 기회가 참 드물었을 것이라는 생각이 든다. 어린 나이에 시집가서 시집의 친척들과 어려운 관계를 유지하고, 마음을 나눌 대상 하나 없이 스스로 삶을 개척해나가는 의연한 모습이 대부분의 여성들의 삶에서 비쳐진다. 신분이 높거나 낮거나 상관없이 그들의 삶이 외롭고 쓸쓸한 분위기를 풍기는 것은 아마도 그런 이유가 아닐까 싶다.

　양반가의 여성으로 태어나 현모양처 교육을 받고 시집가서 가문의 수호자가 되는 여성들은 자신의 욕망을 실현시킬 수가 없었다. 평생 책을 쌓아놓고 그 속에서 책을 읽으며 나이 드는 것이 소원이라던 김운金雲은 아마 천성이 학자인 여성이었을 것이다. 학생들을 가르치는 아버지 곁에서 함께 성현의 말씀을 배우는 것을 즐거움으로 삼았다고 한다. 책을 그렇게 좋아한 그녀는 시집간 후로는 책을 가까이할 수 없었다. 시집식구들은 아무도, 심지어는 남편조차도 그녀가 책을 읽고 있는 것을 한 번도 보지 못했다고 한다. 시대를 잘못 타고 태어난 그녀에 대한 안타까운 마음에 그녀가 오늘날 환생해 훌륭한 학자가 되었기를 간절히 바라게 된다.

　그녀가 낳은 아들인 오원吳瑗의 부인 안동 권씨 역시 사대부가의 여성으로서 갖추어야 할 기본에 충실했다. 그녀는 부마로서 일찍 홀로된 시아버지를 뜻에 맞도록 섬기고, 시아버지가 돌아가시자 지극정성으로 장례를 지냈다. 그녀는 어린 나이에 너무 과중한 책임을 지고 스트레스를 받아서인지 열아홉에 세상을 떠났다. 그녀가 죽음을 앞두고 친정어머니를 그리며 우는 모습은 가부장제의 윤리가 여성들에게는 너무 잔혹한 것이었음을 말해준다.

안동 권씨에게는 또 한 사람의 시어머니로 명안공주明安公主가 있었다. 온희溫姬라는 따뜻한 이름의 이 여성은 궁중에서 자라 부러울 것 없이 누리고 사랑을 받았으나 시집가서 자식도 낳아 보지 못하고 세상을 떠나고 말았다. 스무 살 안팎의 나이에 세상을 떠난 이들의 짧은 삶과 덧없이 스러진 꿈과 사랑이 안쓰럽기만 하다.

김삼의당의 꿈은 남편이 과거에 급제해 입신양명하고 다시 집안을 일으키는 것이었다. 그 소망을 실현시키기 위해 단란한 가정의 화목한 일상을 포기하고 남편을 객지로 보내 공부하도록 했다. 10여 년 동안 낙방을 거듭한 끝에 부질없는 욕망을 내려놓고 고향으로 돌아와 시를 주고받으며 비로소 인생의 즐거움을 깨달았다.

　신분 상승의 욕망을 남편을 통해 이루려던 김삼의당에 비해 강정일당은 본인이 학자가 되고 싶은 꿈을 품었다. 부부가 함께 공부하면서 의문이 나면 서로 물었다. 남편이 감탄할 만한 학식을 지녔던 강정일당은 공부를 하다가 모르는 부분이 나오면 조목조목 질문을 적어 남편의 스승이나 친구에게라도 물어서 반드시 해결했다.

　대부분의 양반가 여성들은 자신이 직접 사회 진출을 할 수 없으므로 아들의 성공을 통해 자신의 욕망을 이루려 했다. 열세 살 먹은 아들을 멀리 보내놓고 스승을 공경하라는 둥 글씨를 잘 쓰라는 둥 여러 잔소리를 하는 완산 이씨의 편지는 슬며시 웃음이 나오게 만든다. 아들에게 보내는 어머니의 편지는 늘 마음이 놓이지 않고 불안하다는 사실을 숨기지 않는다. 이러한 마음은 아들이 벼슬길에 올라 멀리 중국에 사신으로 가는 것을 배웅하는 서영수합徐令壽閤의 편지에서도 느껴진다. 세상살이는 항상 얼음 위를 걷는 것처럼 조심해야 한다고 당부하는 어머니의 마음에는 아들이 여전히 어린아이로 남아 있는 듯하다.

일찍 죽은 생모 대신 손녀를 키운 할머니가 시집간 손녀를 그리워하며 보낸 편지에는 어린 손녀가 시집에서 잘 적응할지에 대한 걱정으로 가득하다. 함부로 웃거나 떠들지 말고 낮잠을 자서도 안 되고 몸가짐을 단정히 해야 한다는 것을 조곤조곤 타이르듯이 적고 있다. 결국 열다섯 살 손녀에게 혹독한 시집살이가 시작되었을 터, 할머니는 자신이 먼저 겪은 지혜를 손녀에게 나누어주고자 길고 긴 편지를 썼다.

자신의 욕망을 실현시키기 위해 당당한 행보를 펼친 여성들도 있었다. 송덕봉은 조선후기 이전 사람으로, 비교적 여성이 자유로웠던 시대의 인물이어서인지 남편에게도 거리낌 없이 자신의 생각을 이야기하고 뜻을 관철시켰다. 남편이 젊은 시절에 멀리 유배를 가는 바람에 고생을 심하게 했으나, 집안 대소사를 다 관장하면서 뛰어난 능력을 발휘한 덕분에 말년에는 남편과 행복한 노후를 보낼 수 있었다.

남이웅南以雄의 아내인 남평 조씨는 상류층의 여성으로서 전쟁을 당해 준비도 없이 떠난 피난살이와 이후 집안 대소사를 관장하며 겪은 일들을 일기에 자세하게 기록했다. 봉제사奉祭祀 접빈객과 농사를 감독하고 노비를 부리는 일에 이르기까지 모든 일이 그녀의 주관하에 이루어졌다. 병자호란 후의 역사적 상황을 말해주는 여러 사건과 일상사들이 파노라마처럼 펼쳐지고 있다.

또한 이 책에는 금강산에 다녀온 세 명의 여성이 나온다. 황진이黃眞伊와 김만덕金萬德, 김금원金錦園이 그들이다. 모두 기생이거나 양반의 후실이었다. 황진이가 순진한 이생李生을 데리고 금강산에 간 이야기나, 김만덕이 임금의 후원을 받으며 금강산에 오른 이야기는 낭만과 호방함이 느껴진다. 기생이라는 한계와, '제주도 여자는 육지에 오를 수 없다'는 편견을 딛고 오른 금강산이어서 더욱 벅찬 여행이었을 것이다.

열네 살 나이에 부모를 졸라 금강산에 갔다 온 김금원의 이야기에 이르면 놀라움을 금할 수 없다. 무엇이 부모의 힘으로도 어린 딸의 고집을 꺾을 수 없게 만들었을까. 오늘날의 우리도 도저히 따라갈 수 없는 용기와 당당함이 부럽기만 하다. 김금원은 "여자로 태어났다고 방 안 깊숙이 문을 닫고 경법經法만을 지키며 사는 것이 옳은가. 한미한 집안에 태어났다고 분수를 지키며 이름 없이 사라지는 것이 옳은가"라고 반문하며 당시의 윤리에 반기를 들었다. 규방의 여성으로서 법도를 지켜야 한다고 강조하는 시대, 미천한 신분에 맞게 분수를 지키며 살라고 강요하는 시대에 자신의 뜻대로 살겠다고 결심하고 경치 좋은 강산을 찾아 떠나는 김금원에게서 언뜻 신화 속의 바리공주 모습이 떠오른다.

그녀는 결혼 후에 용산에서 삼호정시사三湖亭詩社라는 모임을 만들어 마음이 맞는 친구들과 시를 지으며 문장을 논하는 즐거

움을 누렸다. 뛰어난 재능에 비해 지위는 형편없이 낮았지만 같
은 처지의 여성들이 모여 서로를 위로하고 이해해주는 동지로
서의 삶을 살 수 있었다는 게 그들의 우정이 돋보이는 이유다.

계월桂月이라는 노비와 기생 경춘瓊春은 죽음으로써 자신의 삶
을 지켰다. 기록은〈열녀계월전烈女桂月傳〉이라는 제목을 통해 유
교 윤리를 실현한 열녀로 포장했으나, 실상 계월은 자신을 한
낱 주인의 소유물로 생각하는 세상을 향해 자신도 한 사람의 인
간임을 외치며 죽었다. 한편 경춘은 자신이 마음을 준 정인과
의 사랑을 지키기 위해 죽음을 선택했다. 자신에게 가해지는 압
박과 회유를 견디지 못해서가 아니라 자신을 함부로 대하는 세
상에 대한 항거와 자신이 원하는 삶을 살고 싶다는 욕망에 따라
죽음의 길로 나아갔다.

정당한 방법으로 소송이나 재판이 이루어질 수 없다고 판단
된 경우에는 자신의 목숨을 걸고 바로잡으려는 노력을 하기도
했다. 하씨녀何氏女는 관아에서 자결함으로써 남편의 죄가 드러

나게 했다. 박효랑朴孝娘은 아비의 목숨을 앗아간 원수 집안의 묘를 파헤침으로써 자신의 몸은 갈가리 찢겨 죽음에 이르지만 상대방의 죄를 만천하에 공개할 수 있었다. 터무니없는 말을 지어내 자신을 모욕한 사람을 죽여버린 김은애金銀愛와, 남편과 아버지를 죽인 원수를 몇 년 동안 추적해 살해한 최씨와 홍씨 모녀는 복수가 꼭 남자들만의 것이 아님을 보여준다. 그들이 목숨을 내놓고 지키려 했던 명예와 정의는 사실 국가가 나서서 지켜주어야 하는 것이었는데 조선이라는 나라는 힘없고 나약한 여성을 제대로 보호해주지 못했다.

여성들이 자신의 목숨을 가볍게 생각했던 것은 아니다. 남성들이 쓴 많은 《열녀전烈女傳》에 나오는 여성들은 남편이 죽으면 당연한 듯 죽음을 선택하고 아무런 감정도 없는 인간처럼 세상을 하직한다. 그러나 이 책에 나오는 여성들은 죽음 앞에서 망설이면서 살고 싶은 욕망을 강하게 드러냈다. 몽아비라는 양자에게 유서를 남기고 죽은 재령 이씨는 40년 전에 죽은 남편과의 약속을 지키느라 죽지만, 글 곳곳에 삶에 대한 미련을 남기고 있다. 친정아버지에게 유서를 쓰고 죽은 서홍 김씨는 아버지에게 불효한다는 생각이 남편과의 의리보다도 앞섰다. 그의 아버지는 "자식이 죽어 아비가 곡하는 것이 무슨 이치란 말인가"라고 통곡하면서 딸을 죽음으로 몰아넣은 당대 사회의 윤리를 원망했다.

그에 비해 남편이 죽었음에도 남편이 남겨놓은 아들을 잘 키워 혼인을 시킨 후 찾아가겠다고 한 정최능鄭最能의 아내 장씨는 자신에게 남겨진 임무가 무엇인지 잘 아는 여성이었다. 죽음의 그림자를 지우고 아이의 생명을 잘 길러서 혼인을 시켜 가정을 이루게 만든 후 열녀가 될지 말지를 생각해보겠다는 말로 들린다. 이미 어미 노릇이 남편을 따라 죽는 열녀 노릇보다 몇 배 더 가치 있는 일이라고 판단했던 듯하다.

제주도에 흉년이 들자 자신의 재산을 쾌척해 굶주린 백성 수천 명을 살린 김만덕의 이야기는 통 큰 기부가 어떤 것인지 잘 보여주고 있다. "가난은 나라님도 구제하지 못한다"는 우리나라 속담처럼 가난을 구제하는 일은 국가 차원에서도 어려운 것이었다. 그것을 기생 신분이던 한 여성이 해냈고, 많은 백성들로부터 "우리를 살려준 이는 만덕이다"라는 찬사를 들었다.

　이름 없이 다만 늙은 과부라고만 전해오는 이야기에서 오늘날 우리에게 전해지는 커다란 울림을 본다. 남편을 일찍 여의고 가난한 살림을 꾸려나가면서 갑자기 생긴 재물을 외면하기는 쉽지 않다. 그러나 그녀는 30년 동안이나 그 재물에 손도 대지 않고 있다가 자식들이 다 성공해 사치에 빠질 염려가 없으리라는 판단이 서자 그것을 꺼내어 좋은 곳에 쓰라며 내놓았다. 그녀는 평소에도 굶주린 자들을 먹이고, 헐벗은 이들에게 옷을 주며, 가난한 친척의 혼사와 장례를 후하게 도와주었다. 겨울이 되면 버선 수십 켤레를 만들어 걸인들에게 나누어주었고, 가난한 이들의 집이 허물어진 것을 수리해주었다. 이처럼 자신이 가진 것을 나눌 줄 알고 남의 어려움을 외면하지 않았다.

다양한 여성의 이야기를 모아놓고 보니 한 시대를 살다 간 수많은 여성들의 욕망이 보인다. 자아실현의 욕망, 인간답게 살고 싶은 욕망, 단란한 일상의 행복을 누리고 싶은 욕망 등 수없이 많은 욕망이 녹아 있다. 무엇보다 이들의 이야기는 가까운 주변을 돌아보며 작은 일부터 실천할 수 있는 힘이 여성으로부터 나온다는 것을 보여주고 있다. 그 따뜻한 마음의 불씨를 되살려 이 각박한 세상이 조금 더 따스해졌으면 좋겠다.

이 책을 기획한 후 오랜 시간이 지났다. 인내하며 기다려주신 설완식 기획위원과 이지은 편집자를 비롯한 편집부 여러분에게 깊은 감사를 드린다.

2014년 5월
임유경

■차례■

제1장

고고한 삶의 품격

내게 실제 덕이 있다면 남들이 비록 알아주지 않아도 무슨 손해리오.

내게 실제 덕이 없다면 헛된 명예가 있은들 무슨 보탬이 되리오.

여기 옥이 있습니다. 사람들이 그것을 돌이라 한들

옥에게 아무 손해가 없습니다. 여기 돌이 있습니다.

사람들이 그것을 옥이라 한들 돌에게는 보탬이 되지 않습니다.

-

강정일당, 남편에게 쓴 편지

1
공치사하는 남편을 꾸짖는 아내

당신의 편지를 받고 보니 갚기 어려운 큰 은혜를 베푼 양 하였는데, 감사하기 그지없구려. 다만 군자가 행실을 닦고 마음을 다스리는 일은 성현의 밝은 가르침에 따른 것인데 어찌 아내를 위해 힘쓴 일이겠습니까. 또 중심이 한번 정해지면 물욕이 가리기 어렵고 자연히 잡념이 없을 텐데 어찌 규중의 아녀자가 보은하기를 바라십니까. 서너 달 독숙하였다고 고결한 체하여 은혜를 베푼 듯이 한다면 결코 담담하거나 무심한 사람이 아니지요. 마음이 편안하고 깨끗하여 밖으로 화려함을 끊고 안으로 사념이 없다면 어찌 꼭 편지를 보내 자신의 공을 자랑해야만 알 일이겠습니까. 곁에 나를 알아주는 벗이 있고 아래로 딸린 노복들이 있어서 온갖 눈이 다 보고 있으니 자연히 공론이 퍼져 다 알게 될 것이거늘 힘들게 편지를 보낼 필요가 있겠습니까.

이런 일로 보면 당신은 아마도 겉으로 인의를 베푸는 척하는 폐단과 남이 알아주기를 바라는 병폐가 있는 듯하오. 내가 가만히 살펴보니 의심스러움이 한이 없습니다. 나 또한 당신에게 잊지 못할 공이 있으니 가벼이 여기지 말기 바랍니다. 당신은 겨우 몇 달 독숙을 하고서 붓끝의 글자마다 공치사를 하시더군요. 나이가 예순이 가까우니 그렇게 하는 것이 당신의 건강을 위해 이로운 일이지 내게 갚기 어려운 은혜를 베푼 게 아니랍니다. 하기사 당신은 귀한 관직에 있어 만인이 우러러보는 처지이니 비록 수개월의 독숙도 사람으로서 하기 어려운 일이었겠지요.

나는 옛날에 당신 어머니가 돌아가셨을 때 사방에 돌봐주는 사람도 없고 당신은 만 리 밖에서 하늘을 향해 울며 슬퍼하기만 하였지요. 그래도 나는 지성으로 예에 따라 장례를 치르는 일을 남부끄럽지 않게 하였답니다. 곁에 있는 사람들은 묘를 쓰고 제사 지내는 것이 비록 친자식이라도 이보다 나을 수는 없다고 하였지요. 삼년상을 마치고 또 만 리 길을 나서서 멀리 험난한 길을 갔는데 누가 이것을 모르겠습니까. 내가 당신한테 한 이런 지성스러운 일이 바로 잊기 어려운 일이랍니다. 당신이 몇 달 독숙한 공을 내가 한 일들과 비교하면 어느 것이 가볍고 어느 것이 무거울까요.

원컨대 당신은 영원히 잡념을 끊고 기운을 보양하여 수명을 늘리도록 하셔요. 이것이 내가 밤낮으로 바라는 바이니 나의 뜻을 잘 이해하고 깊이 살펴시기를 엎드려 바랍니다.

송씨 아룀

이 편지는 16세기 사대부가의 여성 송덕봉이 그의 남편 미암 유희춘柳希春에게 보낸 것이다. 송덕봉은 열여섯 살에 스물네 살의 유희춘과 결혼했다. 유희춘은 선조宣祖 임금 때 삼경三經을 언해했던 학자다. 스물여섯에 과거에 급제해 홍문관 수찬, 무장 현감 등을 지냈으나, 서른다섯 살에 옥사에 연루되어 제주도로 유배되었다. 제주도가 고향인 해남과 가까워서 다시 함경도 종성으로 옮겨 그곳에서 20년 동안 귀양살이를 했다.

1567년 선조의 즉위와 함께 사면되어 홍문관 교리에 제수되었다. 이후 세상을 떠나는 해까지 11년 동안의 일을 기록한 《미암일기眉巖日記》가 남아 있는데, 그 부록으로 부인과 주고받은 시문을 모아 엮었다. 일기에는 조정의 정치에 관한 일부터 집안의 대소사 및 신변잡기에 관한 다양한 내용이 담겨 있다. 아직 가부장제가 확고

하게 정착되기 이전의 일상생활을 보여준다고 해서 많은 관심을 받은 귀한 자료다.

이 편지를 쓴 해는 1570년으로 이즈음 남편은 홍문관 부제학에 제수되어 서울에서 홀로 관직생활을 하고 있었다. 이때 부인에게 시를 지어 보내면 부인이 화답시를 지어 보내곤 하는 부창부수夫唱婦隨의 생활을 했다. 앞선 편지에서 남편은 자신이 서너 달 동안 독숙하고 여색을 가까이하지 않았다고 자랑하며 당신은 갚기 어려운 은혜를 입은 줄이나 알라고 편지를 보냈다. 그에 대한 답장이 이 편지 글이다. 군자로서 행실을 올바로 하는 것은 성현의 가르침에 따르는 길이지 그게 무슨 아내에게 생색낼 일이냐고 먼저 남편을 꼼짝하지 못하게 만든다. 머쓱해졌을 남편에게 당신이 그렇게 자랑하지 않아도 소문이 나서 다 듣게 될 텐데 뭘 공치사를 하느냐며 능친다.

그러고 나서 당신의 그 행실과 과거 자신이 당신을 위해 한 일을 비교해보자며 은근슬쩍 송덕봉 역시 자신이 한 일을 내세웠다. 유희춘은 서른다섯 살에서 쉰다섯 살까지 한창 일할 나이에 북방으로 유배를 갔다. 그사이 집안 대소사는 다 아내의 손을 거쳐야 했다. 무엇보다도 어머니의 죽음에 자신은 멀리서 아무것도 할 수 없어 유배지에서 울부짖고만 있을 때 아내는 홀몸으로 장례를 다 치렀다.

어머니가 살아 계실 때도 정성을 다해 모셨기 때문에 어머니가 몸소 유배지에 있는 아들에게 편지를 보내 며느리가 잘해준다는 이야기를 전하기도 했다. 어머니의 삼년상을 다 치른 후에 아내는 함경도 종성에 있는 남편을 만나기 위해 그 먼 곳까지 찾아갔다. 종성 가는 길인 마천령 위에서 읊은 시도 남아 있다.

가고 또 가서 마침내 마천령에 이르렀네.
동해는 끝이 없고 거울처럼 평평하도다.
만리 길을 부인네가 무슨 일로 왔는가.
삼종지도는 무겁고 내 한 몸은 가벼우니.

行行遂至磨天嶺. 東海無涯鏡面平. 萬里婦人何事到. 三從義重一身輕.[1]

송덕봉은 남편에게 가는 도중에 찬바람을 너무 많이 맞아 병이 생겨서 10여 년 동안 고생했다. 그는 '부부 사이에도 이 정도는 해놓고 생색을 내야지 겨우 몇 달 동안 색을 멀리했다고 자랑을 하다니' 하면서 남편을 꼼짝하지 못하게 만든다.

이 편지를 받은 유희춘은 금세 "부인의 말과 뜻이 다 좋아 탄복을 금할 수 없구려"라며 백기를 들었다. 이렇게 당당한 아내와 그 아내를 순순히 인정하는 남편의 모습이 진정한 우리 선조들의 부부상이었을 것이다. 그들은 항상 시를 지어 화답하며 대화를 나누고 좋은 시를 짓도록 비평을 아끼지 않는 사이였다.

그녀의 나이 쉰하나가 되던 1571년, 유희춘이 처조카 송진宋震을 시켜 송덕봉의 시 38수를 묶어서《덕봉집德峰集》을 만들게 했으나 오늘날에는 전하지 않는다.《미암일기》부록에 이 편지와 시 20여 수가 전한다.《미암일기》를 보면 이들 부부가 송덕봉의 친정부모 제사를 함께 지낸 기록이 나오고 시집간 딸이 아이를 낳은 뒤에도 친정살이를 하는 모습이 사실적으로 그려져 있다. 또 유희춘의 첩 방굿덕房德德이 종성에 따라가 네 명의 서녀를 낳은 사실도 알 수 있으며 그 서녀를 시집보내기 위해 속량贖良을 시키는 과정도 자세히 서술했다.

당대에 유명한 학자 퇴계退溪 이황李滉 선생이 집을 방문해 공손히 맞아 술을 대접했다든가 《동의보감東醫寶鑑》의 허준許浚을 내의원으로 천거하기 위해 이조판서에게 편지를 썼다든가 하는 교유관계도 엿볼 수 있다. 《미암일기》에는 집안의 대소사나 개인의 신변에 관한 일 외에도 왕실 소식이나 사신 접대 등과 같은 조정의 일과 경연에 관한 기록이 꼼꼼히 기록되어 있어서 후일 《선조실록宣祖實錄》을 편찬할 때 사료로 쓰기도 했다.

《미암일기》에 묘사된 송덕봉은 풍류를 즐긴 여성이었다. 집안의 여종인 죽매竹梅에게 노래를 배우게 하자고 청해 남편의 허락을 받아냈다. 그러고는 다음 해 중양절에 술자리를 열고 죽매와 또 다른 여종인 말질덕末叱德을 시켜 해금을 연주하게 했다. 이 자리에는 아들·사위·유희춘 부부·서녀·모녀 등이 다 모여서 춤을 추며 즐겼다.

부부 사이에도 취향이 약간은 달랐던 듯하다. 유희춘이 시에서 음악 소리, 좋은 술, 어여쁜 자태엔 관심이 없고 오로지 좋은 것은 책 속에 있다고 하자, 부인은 아름다운 봄 경치, 달 아래의 거문고, 근심을 잊게 하는 술의 즐거움도 놓칠 수 없는 것인데 어찌 책에만 빠져 있겠느냐고 응수했다.

남편이 종일 책을 읽은 나머지 눈이 피로해져 병이 생길까 염려되는 날은 아내와 장기를 두기도 했다. 송덕봉은 딸과 함께 임금의 거둥擧動을 구경하러 가기도 하고 친척집에 놀러가 장기를 두고 오기도 하는 등 활발한 면모를 보여주었다.

두 사람이 서로 시를 화답했다는 이야기가 일기에 여러 번 등장한다.

"부인이 내 시에 화답했는데 시구가 매우 좋다."

"지난 밤 부인과 서로 시를 주고받았는데 새 집에 대해 노래한 것이다."

"부인이 취한 중에 시를 읊었는데 내가 차운했다."

또한 송덕봉은 유희춘에게 시 짓는 법에 대한 자신의 생각을 말하기도 했는데, 시는 산문을 쓰듯이 직설적으로 써서는 안 된다는 내용이었다. 그러자 유희춘은 깜짝 놀라며 아내의 말에 따라 다시 시를 지었다.

1571년 전라 감사를 지낸 유희춘은 사헌부 대사헌에 제수되었다. 대궐로 올라가기 전에 송덕봉에게 편지를 보내 이 사실을 알렸다. 송덕봉은 그 편지를 보고 다음과 같은 시를 지어 보냈다.

황금 띠 둘렀으니 선비로선 지극한 영화를 누림이라.

이제 물러나 초당에 누워 기氣를 기름이 어떠하오?

벼슬은 사양할 수 있다고 이미 약속하였으니

마당에서 달을 보며 집으로 돌아오기만 기다린다오.

黃金橫帶布衣極. 退臥茅齋養氣何? 爵祿可辭曾有約, 遊庭見月待還家.[2]

　이렇듯 송덕봉은 남편이 말년에 높은 벼슬을 하기보다 고향에 돌아와 건강을 돌보며 자손들과 함께 지내기를 소망했다. 1575년에 이르러 마침내 유희춘이 벼슬을 그만두고 두 부부는 시골에서 한가한 노후 생활을 보낼 수 있었다. 그러나 선조 임금이 다시 유희춘을 홍문관 부제학으로 임명하자 사직을 청하고자 서울에 갔다가 갑자기 병이 들어 세상을 떠나고 말았다. 그 뒤 7개월 만에 송덕봉 또한 남편을 따라 세상을 떠났다.

1) 송덕봉, 〈마천령 위에서 읊다[磨天嶺上吟]〉.
2) 송덕봉, 〈미암이 가선대부에 오르매 지은 시[眉巖升嘉善作]〉.

2
선구적인 학자의 길

나는 어려서부터 성리학이 있음을 알았다. 조금 성장해서는 맛있는 음식이 입을 즐겁게 하듯 학문을 좋아하게 되어 그만두려 하여도 그만둘 수 없었다. 이에 감히 아녀자임에도 경전에 기록된 성현의 가르침을 마음에 깊이 새기며 묵묵히 탐구하였다. 그런 지 수십 년에 대략 말을 할 수 있는 정도에 이르렀다. 그러나 문자로 표현하지는 않고 마음속에만 간직하고 드러내지 않았다.

이제 나이가 들어 죽을 날도 머지않으니, 하루아침에 가버리면 초목과 같이 썩어버릴까 두려웠다. 그래서 집안일을 하는 틈틈이 붓을 들어 기록하였다. 그런 것이 마침내 커다란 두루마리가 되니 총 40편이다. 첫머리 〈송능상末能相의 부인 한씨전)에서 〈안자顏子의 즐거움을 논하다〉까지 8편의 글은 시집 오기 전에 지은 것이다. 〈자로子路를 논하다〉 이하는 중년 이후에 쓴 글이다.

비록 식견이 얕고 필력은 무뎌서 후세에 남길 만한 말이나 묘한 깨달음은 없지만 내 죽은 후 (이 기록이) 장독을 덮는 종이가 되어버린다면 그 또한 슬픈 일이다. 그래서 책자로 만들어 양자 재준에게 주었다. 내 막냇동생 정주靖周가 재준에게 이르기를, "누님의 문자는 없어져서는 안 된다. 내게 한 통 보내도록 하라"고 하였다. 마침내 서조카 재승을 시켜 베껴서 작은 책자로 만들여 보낸다.

을사년(1785)에 쓰다

임윤지당의 본관은 풍천豊川이며, 함흥 판관 임적任適의 딸로 태어났다. 유명한 성리학자인 녹문鹿門 임성주任聖周의 누이동생으로 형제들과 학문적인 교감을 많이 나누었다. 그녀의 나이 여덟 살 때 아버지가 세상을 떠나고, 둘째 오빠인 임성주가 아버지 역할을 대신해 학문을 전해주었다. 임성주는 여동생에게 당시로선 여성의 금기

사항이던 학문을 가르쳐주었을 뿐 아니라 윤지당이라는 호도 지어
주었다.

임윤지당은 열아홉 살인 1739년에 원주의 선비 신광유申光裕에게
출가했다. 8년 만인 스물일곱 살에 자식도 없이 청상과부가 되었다.
시동생 가족들과 함께 살면서 시동생의 아들인 재준을 양자로 들였
으나 그마저도 1787년 스물여덟 살의 나이로 먼저 세상을 떠났다.
임윤지당은 일흔셋인 1793년에 원주에서 세상을 떠났다. 그녀가 예
순다섯 살 때 자신의 문집 초고를 베껴 동생에게 보내면서 쓴 이 글
에도 보이듯이 천성이 성리학자였다.

동생 임정주가 유고를 모아 간행한 《윤지당유고允摯堂遺稿》에는 11편
의 논과 6편의 설 등 모두 35편의 산문이 수록되어 있다. 그의 글은
성리학 논문과 역대 인물들에 대한 논평, 역사와 정치에 관한 것이
다. 두 편의 전傳은 여자 주인공을 소개하고 있는데, 다른 남성의 전
에서는 찾아보기 힘든 여성만의 시각이 잘 드러난 작품이다.

경전이나 역사서에 등장하는 인물 가운데 예양豫讓·보과輔果·미
생고微生高·안회顔回·자로·가의賈誼·이릉李陵·온교溫嶠·사마온공司
馬溫公·왕안석王安石·악비岳飛 등의 행동을 자신의 관점에서 비판하
거나 옹호했다. 엄정한 의리지학義理之學에 입각해 공자孔子의 제자
인 자로와 《자치통감資治通鑑》을 쓴 사마광司馬光까지 신랄하게 비판
했다.

이기심성설은 인간본성에 대한 탐구로, 임윤지당은 상당히 길
게 자신의 철학을 개진했다. 인심도심人心道心과 사단칠정四端七情, 예

악禮樂, 극기복례위인克己復禮爲仁 등 경전에 나오는 철학 개념에 대한 자신의 견해를 밝히기도 했다. 극기복례위인설에서는 "내가 비록 여자이지만 부여받은 본성은 남녀 간에 다름이 없다"라는 주장을 펴기도 했다.

임윤지당이 이처럼 학문적인 저술을 남길 수 있었던 것은 친정이 학문을 하는 분위기였고, 남자 형제들과 토론을 즐기는 과정에서 학문적 자질을 키워나간 것으로 보인다. 무엇보다도 오빠인 임성주에게 성리학적인 체계를 익힌 것이 학문의 밑바탕이 되었다.

남성 위주의 세상에서 임윤지당은 여성들도 학문과 수양을 통해 성인의 경지에 오를 수 있다고 생각했다. 성인이나 일반 사람이 본래 같은 성품을 타고난 것이며, 남자와 여자도 타고난 본성은 차별이 없다고 주장했다. 본인 스스로 그것을 증명해 보이기 위해 평생 학문을 통한 수양을 그치지 않았으며, 그 결과물로 문집을 남겼던 것이다. 여성이 학문을 하는 것이 금기였던 시대, 여성의 삶에 제한이 많았던 조선시대에 선구적인 학자의 길을 걸어간 여성이었다고 하겠다.

3
부귀를 탐하는 남자들에게

사헌부 지평持平 한계진韓啓震의 딸은 송씨의 부인이다. 어려서 어머니를 잃었는데, 지극하게도 슬퍼하였다. 시집갈 때 어쩌다 글상자에 있던 어머니의 필적을 보고는 슬픔을 이기지 못하여 눈물이 옷을 적셨다.

한번은 남편이 사촌형제들과 모여 자신의 뜻을 논하고 있었다. 사촌형이 말하기를 "나는 율곡栗谷 이이李珥의 도덕과 영귀함을 사모한다"라고 하니, 남편 또한 옳다고 여겼다. 다들 가고 나자 한씨가 "여러 형님의 말씀이 어떻습니까?"라고 물었다. 남편은 좋다고 하였다. 한씨는 빙그레 웃었다. 남편이 왜 웃는지 묻자 한씨는 대답하였다.

"저는 생각건대 율곡이 율곡인 까닭은 그가 도덕을 지녔기 때문이라고 봅니다. 율곡이 빈천하게 되어 깊은 산이나 가난한 동네에 살게 되었다 한들 그 덕에 어찌 모자람이 있을 것이며, 비록 영귀하더라도 무슨 보탬이 되겠습니까? 지금 여러 형제들이 그분의 도덕만을 말하였다면 이는 참으로 그 덕을 흠모하는 것이겠으나, 도덕과 영귀함을 함께 말하였습니다. 이는 덕을 흠모하는 것이 아니라 실제 마음은 그 귀하게 된 것을 흠모하는 것입니다. 당신 또한 그 말을 옳다 여기시니 불가하지 않겠습니까?"

이 말을 들은 남편이 그녀의 식견에 크게 탄복하고 마침내 흥기하여 학문을 닦아 학자가 되었다.

그는 시부모를 섬기는 데에도 며느리의 도를 다하였다. 시어머니가 몸소 누에고치를 삶아 실을 뽑는데 여러 며느리가 시어머니를 돕고자 하였으나 허락지 않았다. 다른 며느리들은 모두들 방으로 들어갔으나 한씨만은 가지 않고 숯불에 부채질을 하며 일을 도왔다. 조심조심하며 공경하였고 나태하지 않았다. 시어머니의 수고를 안타깝게 여겨 불이라도 때어 일을 쉽게 해 드리려는 것이었다.

한씨는 식견과 행실이 탁월하였을 뿐 아니라 또한 글재주가 있었다. 친정아버지가 세속의 구구한 말만 믿고 글을 가르치지 않았다. 그런데도 혼자 책과 역사를 읽고 대략의 뜻을 통하였다. 불행하게도 단명하고 말았으니, 안타깝지 않은가.

임윤지당이 쓴 〈송능상의 부인 한씨전〉이다. 이 주인공 한씨는 한계진의 딸로서 조선후기 성리학자인 남당南塘 한원진韓元震의 조카딸이다. 남편 송능상은 우암 송시열宋時烈의 현손玄孫으로서 한원진의 제자가 되었다. 송능상은 임윤지당의 오빠인 녹문 임성주와 함께 교류하면서 학문을 강마하던 사이였다. 송능상이 자기 부인에 대해 이야기한 것을 오빠에게 직접 전해 들었을 것이다.

임윤지당은 여자 선비인 주인공이 재능은 남자보다 못함이 없는데도 뜻을 펼치지 못하는 것을 매우 애석해하고 있다. 자신과 같이 학문을 좋아하고 식견이 있는 이 여성에 대해 매우 자세한 필치로 그녀의 삶이 드러나도록 서술하고 있다.

이 전傳에서 임윤지당이 가장 중점을 두고 표현하고 있는 부분은 율곡을 논하는 부분이다. 남성들이 율곡의 도덕과 아울러 영귀함을 사모한다고 한 것은 실제로는 벼슬에서의 영달을 바라는 남성들의 소망이 강하게 투영되어 있는 발언이다. 주인공 한씨는 이를 예리하게 지적하고 그 허위성을 폭로하고 있다. 이 여성은 처음부터 벼슬은 꿈도 꿀 수 없는 처지이지만 지적으로나 도덕적으로는 남성보다 우위에 서 있다. 그래서 남편에게 감화를 주고 남편은 아내를 통해 깨달음을 얻고 발분해 훌륭한 학자가 되었다.

앞서 언급했듯이, 남성들이 쓴 열전의 주인공으로 등장하는 여성들은 열녀·효녀 등 유교 이념에 충실한 경우가 대부분이다. 그들

은 왜 죽는가에 대한 깊은 고뇌 없이 죽음을 선택하거나 이념에 희
생된다. 반면 〈송능상의 부인 한씨전〉에서는 여성의 능력이 뛰어남
에도 사회의 제약으로 인해 빛을 보지 못한 것을 안타까워하는 작
가의 시선이 엿보인다. 마지막에 "친정아버지가 세속의 구구한 말
만 믿고 글을 가르치지 않았다"라고 한 언급에서 남녀차별을 비롯
한 당대 현실에 대한 비판이 묻어난다. 세속의 구구한 말이란 여자
가 너무 똑똑하거나 공부를 많이 하면 팔자가 드세다든지 하는 말
들이었을 것이다.

　남편 송능상은 송시열의 후손이라는 집안 배경으로 보나 당대 이
름난 성리학자인 한원진의 제자라는 점으로 보나 스스로 학문을 이
룰 능력이 있었을 것이다. 그러나 임윤지당은 부인의 말을 듣고 커
다란 깨달음을 얻은 뒤 더욱 발분해 학문을 이룬 것으로 서술하고
있다. 여성이 오히려 판단력이 있고 지식이 많으며 도덕군자에 더
근접해 있다. 유교 세계관에 젖어 있는 인물이지만 맹목적인 이념이
아니라 자신의 주관이 뚜렷하다는 점이 돋보인다.

4
남편이 의지한 아내

척독尺牘 1.

오늘 아침 한 노파가 와서 쌀 몇 말과 고기 몇 근을 바치더군요. 이유를 물었더니 말하기를, "지난번에 교외에 나갔다가 무뢰한에게 걸려 곤욕을 당하였습니다. 마침 나리께서 지나시기에 말 앞에서 울며 하소연하였더니 나리께서 그들을 엄히 꾸짖어 타이르셨습니다. 그래서 놓여났으므로 실로 은혜롭고 감사하기에 이것으로 성의를 표하고자 합니다"라고 하였습니다.

마침 사랑방에는 손님이 와 계신다 하므로 번거롭게 말씀드리지 않고 제가 돌려주었습니다. 그랬더니 노파가 한사코 받지 않으려 하더군요. 그래서 제가 말해주었습니다.

"우리 남편은 전에 7일 동안 밥을 먹지 못한 상황에서도 천금의 재물을 받지 않았거늘 오늘 어찌 이 물건을 받을 수 있겠소?"

노파는 탄식하며 쌀과 고기를 가지고 돌아갔습니다. 자기는 비록 성의로 가져왔지만 만약 내가 그것을 받는다면 은혜를 파는 것이 됩니다. 그래서 이렇게 처리한 것인데, 당신은 어떻게 생각하시는지요.

척독14.

내게 실제 덕이 있다면 남들이 비록 알아주지 않아도 무슨 손해리오. 내게 실제 덕이 없다면 헛된 명예가 있은들 무슨 보탬이 되리오. 여기 옥이 있습니다. 사람들이 그것을 돌이라 한들 옥에게 아무 손해가 없습니다. 여기 돌이 있습니다. 사람들이 그것을 옥이라 한들 돌에게는 보탬이 되지 않습니다.

원컨대 당신은 실제 덕을 갖추도록 힘쓰시어 위로 하늘에 부끄럽지 않고 아래로 땅에 부끄럽지 않도록 하십시오. 사람들이 알아주고 몰라주는 것을 근심하지 마십시오.

척독58.

윤지당이 말씀하시길, "내 비록 부인네이나 받은 품성은 처음부터 남녀의 차이가 없었다"라고 하였습니다. 또 이르기를, "부인으로 태임太任과 태사太姒처럼 되겠다고 스스로 기약하지 않으면 스스로 포기하는 것이다"라고 하였습니다. 그런즉 비록 부인네라도 능히 행할 수 있으면 성인의 경지에 이를 수 있습니다. 당신은 어떻게 생각하십니까.

척독62.

저는 한낱 부인으로서 몸은 규방에 갇혀 있으니 들은 것도 없고 아는 바도 없습니다. 오로지 바느질하고 청소하는 틈틈이 옛 경전과 서적을 읽었습니다. 그 이치를 궁구하며 그 행동을 본받아 앞서 수양한 사람들과 같은 경지에 이르고자 합니다. 하물며 당신은 장부이시니 마음을 세워 도를 구하고 스승을 좇아 배우고 친구를 사귀며 부지런히 나아갈 수 있습니다. 그런즉 무엇을 배운들 능하지 못하며, 무엇을 강론한들 밝지 못하며, 무엇을 행한들 도달하지 못하리오. 인仁을 통하여 중정中正을 세움에 이르면 성인이 되고 현인이 되리니 누가 그것을 막으리오.

성현도 장부이고 나도 장부입니다. 무엇이 두려워 행하지 않겠습니까. 만 번 바라노니 당신은 날로 덕을 새롭게 하시어 반드시 성현이 되기를 기약하십시오.

강정일당이 남편에게 쓴 편지다. 짧은 편지글을 의미하는 척독을 82편이나 남기고 있다. 한집안에 살고 있는 남편에게 이렇듯 한문 편지를 남긴 까닭을 알 수 없지만 이를 통해 남편의 인품과 솔직한 면모를 엿볼 수 있다.

강정일당은 충북 제천 사람으로 스무 살에 윤광연尹光演에게 시집갔다. 집이 가난해 바느질로 생계를 이으면서도 남편을 도와 함께 공부했다. 스물세 살이 되었을 때 충주에 있는 시댁으로 들어갔다. 시어머니는 지일당只一堂이라는 호를 쓰는데 시를 잘 지어 고부가 함께 시로 화답했다. 그 후 과천으로 거처를 옮겼다가 서울 약현에 거처를 마련하고 〈탄원기坦園記〉를 써서 남편의 덕을 높였다. 5남 4녀를 낳았으나, 항상 가난을 면치 못해 모두 어려서 잃었다.

윤광연은 열네 살의 어린 나이에 장가들어 스무 살인 연상의 아내에게 많은 것을 의지했던 듯하다. 아내가 죽은 후에 쓴 글에서 "지극히 어질고 지극히 후덕하며 지극히 성실하고 지극히 정직했으니 스승이며, 본받을 만했으며, 존경할 만하고, 중히 여길 만한 사람이었다"고 아내를 기렸다.

윤광연은 과거에 급제하지 못해 좌절을 겪었다. 그러나 아내는 남편에게 옥과 돌의 비유로 남들이 나를 알아주지 않는다고 근심하지 말라고 위로했다. 아내가 그 옥을 다듬어 절차탁마切磋琢磨의 과정을 거쳐 훌륭한 학자가 되게 했다. 윤광연은 노론계 학자인 송치규宋稚圭의 문인으로 당대에 명망이 높은 학자들과 교류하며 인정을 받았다.

부부는 함께 공부하며 의문이 있는 부분은 서로 물어가며 해결했다. 강정일당이 조목조목 질문을 적어 남편에게 물으면 윤광연은 스승과 친구에게 물어서라도 반드시 의문을 풀어주었다. 반대로 남편이 아내에게 묻고 아내가 답변하는 등 서로 묻고 답하는 사이에 학문의 요령을 얻을 수 있었다.

윤광연이 써야 할 기문記文 등 많은 글을 강정일당이 대신 지은 것이 문집에 많이 실려 있다. 강정일당은 그런 글들을 통해 남성의 고유영역이라고 여겼던 공식적인 글쓰기에 참여하면서 자신의 학문 영역을 넓혀나갔다.

강정일당은 자신보다 50년 앞서 살았던 선배 임윤지당을 사숙하며 그의 말에 힘을 얻어 학문의 길을 갈 수 있었다. 태어날 때부터 남녀의 차이가 있었던 것은 아니라는 점과 노력해 실천한다면 여자도 성인의 경지에 도달할 수 있다는 엄숙한 선언을 한 임윤지당의 글이 50년 뒤의 후배 여성에게 용기를 주고 희망이 될 수 있었다.

남편은 아내의 문집인 《정일당유고靜一堂遺稿》를 간행하기 위해 몇 년에 걸쳐 당대에 이름 있는 학자들에게 문집을 빛내줄 글을 청해 부록으로 실었다. 권우인權愚仁, 청풍 부사를 지낸 문인화가 권용정權用正, 당대의 이름난 유학자 송치규 등 십여 명이 강정일당의 글을 읽고 시를 쓰거나 발문을 썼다.

남편과 학문적으로 질문과 답을 주고받은 문답편이나 강정일당의 학문적 궤적을 알 수 있는 저술 서른 권은 안타깝게도 유실되어 전하지 않는다. 문집에는 시 38수, 척독 82편, 잡저와 묘지명 등 150편

의 시문만 실려 있다. 가난한 살림에도 아내의 문집을 간행하기 위
해 애쓴 그와 같은 인물이 그의 사후에는 없었던지 윤광연의 문집
은 남아 있지 않다.

5
현명한 아내의 충고

남편을 따라 문에 들어가 시부모님을 뵙는 예를 마쳤다. 살펴
보니 집안의 도가 매우 순하고 위아래가 다 화목하여서 마음
깊이 감동하였다. 가만히 엿보니 낭군이 이처럼 시골에 살게
된 것은 성군의 시대에 마땅한 바가 아닌 듯하였다. 감히 몇 마
디 말을 하였다.

"같은 해 같은 날인 기축년(1769) 10월 13일에 나서 같은 동네
인 남원 서봉방에 살면서 병오년(1786) 봄에 결혼식을 올려 남
편이 되고 아내가 되었으니 천정배필이요, 고금에 드문 일입니
다. 이미 남편이 되었으니 남편의 도리를 다해야 할 것이고, 아
내가 되었으니 아내의 도리를 다해야 할 것입니다. 부부의 도
라는 게 어찌 부창부수만을 일컫는 것이겠습니까? 남편은 밖

에 있으니 밖은 곧 군신이 있는 곳이요, 아내는 안에 있으니 안은 곧 시부모님이 계시는 곳입니다. 밖에 있는 도를 다하려면 임금을 반드시 충성으로 섬겨야 하고 안에 있는 도를 다하려면 부모를 반드시 효성스럽게 섬겨야 한다는 것입니다.

그대는 바깥에서 부지런히 학업을 하여 요순堯舜 같은 우리 임금을 보좌해야 할 것이며, 나는 안에서 살림을 맡아 하면서 부모를 섬기며 화목하게 지낸다면 세상의 부부와는 다를 것입니다. 세상의 남편 된 자들은 사랑에 빠져 의義를 돌아보지 않고, 아내 된 자들은 정情이 지나쳐서 분별을 모릅니다. 이는 어리석은 부부일 뿐이니 내가 매우 부끄러워하는 것입니다.

옛날 기결冀缺의 아내는 시골 아낙이었음에도 능히 남편을 공경하였고, 말몰이꾼의 아내는 천한 여자였음에도 그 남편을 출세시켰습니다. 저의 어리석음으로 어찌 감히 옛날의 현부와 같을 수 있겠습니까? 오로지 낭군이 현명한 남편이 되기만을 바랄 뿐입니다."

김삼의당의 〈시집오던 날 이야기[于歸日記話]〉라는 글이다. 김삼의당은 남편 하립河湜과 같은 날에 태어났다. 같은 마을에서 김씨 집과

하씨 집에서 한꺼번에 아기가 태어났던 것이다. 그렇게 신기한 인연으로 부부가 된 사람들을 일컬어 돌쩌귀 인연이라고 한다. 문짝과 문설주에 달린 돌쩌귀처럼 잘 맞고 항상 함께 붙어 있어서 나온 말일 것이다.

전통적인 혼인 풍속은 남귀여가혼男歸女家婚이라 해서 신부집에서 혼례를 치르고 일정 기간 머물다가 시집으로 가는 것이었다. 이 글은 시집에 들어간 날의 기록이다. 이 글보다 앞에 실린 〈혼례를 올린 날 이야기[禮成夜記話]〉에서는 첫날밤 두 부부의 대화를 기록했다.

남편이 말했다.
"죽을 때까지 남편을 거스르지 않아야 한다 하니, 남편이 잘못이 있더라도 따라야겠지요?"
내가 대답했다.
"명나라 사정옥謝貞玉3이 말하지 않았습니까. 부부의 도는 오륜五倫을 겸하는 것이라고. 아비에게는 간쟁하는 아들이 있고, 임금에게는 충간하는 신하가 있습니다. 형제는 올바름으로 서로 이끌고 친구는 착한 일로 서로 권면한다 하였으니 어찌 부부 사이에만 그렇지 않겠습니까. 그러니 내가 당신을 거스르지 않겠다함이 어찌 당신의 잘못도 따르겠다는 말이겠습니까."

남편이 짐짓 남편이 잘못을 하더라도 아내는 남편을 따라야 하지 않겠는가 하니, 삼의당은 단호하게 형제가 서로 권면하고 친구가 서로 타일러 옳은 길로 인도하듯이 부부도 잘못을 지적하고 고치도록 해야 한다고 주장했다.

　김삼의당 부부는 열여덟에 결혼하면서 과거에 합격해 입신양명할 것을 목표로 내세웠다. 첫날밤에 서로 시를 주고받으며 사랑을 확인한 이들 부부는 남편의 공부를 위해 기나긴 이별을 감내해야만 했다. 남편이 산으로 들어가 공부하는 동안, 또 서울에 가서 객지 생활을 하는 동안 시부모와 함께 살림을 꾸려나간 사람은 김삼의당이었다. 둘은 끊임없이 편지로 안부를 주고받으며 서로의 의지를 다져나갔다.

　'가문의 부활'을 위해 할 수 있는 일은 과거에 급제하는 방법뿐이었다. 그 길을 가기 위해서는 희생이 필요한 법인데, 이들 부부는 단란한 가정의 화목하고 행복한 삶을 내려놓고 이별을 선택했다. 떨어져 지내는 동안 김삼의당은 남편에 대한 사랑과 그리움을 적극적으로 표현하기도 했다. 그러나 남편의 시에 '상사相思'라는 글자가 있자 그런 건 아녀자나 쓰는 말이라며 대장부는 마땅히 바깥일에만 신경 쓰라는 시를 보내기도 했다.

　산사에서 공부하던 남편이 아내를 그리워하거나 고향으로 돌아가고 싶어 하면 김삼의당은 고사 속의 인물을 들먹이며 나약해진 남편을 단호하게 나무랐다. 공부를 중단하고 온 악양자樂羊子의 아내는 베틀에 앉아 짜고 있던 베를 칼로 잘라버렸고, 두목지杜牧之의 아내는 과거급제를 위해 밤에 가까이하지 말라는 금지령을 내렸으나, 김삼의당 자신은 그 정도에서 그치지 않을 것이라 엄포를 놓기도 했다.

윗글에서는 기결의 아내와 말몰이꾼의 아내를 인용했다. 기결은 진晉나라 사람이다. 구계臼季가 사신으로 기冀지방을 지나가다 기결이 밭을 갈고 그의 아내가 점심을 나르는 장면을 보게 되었다. 두 부부가 서로 공경하는 모습에 감동해 기결을 데리고 가 왕에게 추천했다.

말몰이꾼의 아내는 제齊나라의 재상宰相인 안자晏子가 타는 수레를 몰던 마부의 아내를 말한다. 어느 날 안자가 외출하려고 수레를 타고 나가는데, 마부의 아내가 문틈으로 남편의 거동을 엿보았다. 남편은 재상을 받쳐주는 커다란 일산日傘 그늘에 앉아 말에게 채찍질하면서 의기양양하게 뽐내고 있었다. 남편이 돌아온 후 아내는 정색을 하고 말했다.

"안자는 그 명성이 제후들 사이에 크게 떨치고 있는 재상이면서도 항상 신중하고 겸손한 태도로 깊이 생각하고 있는데, 당신은 말몰이꾼임에도 의기양양해 스스로 잘난 체하는 것처럼 보입니다. 나는 그런 당신과는 살 수 없으니 물러가겠습니다."

뜻밖의 말을 들은 마부는 놀라고 당황해서 아내에게 어떻게 하면 될지 물었다. 아내는 안자의 지혜를 갖추고 마부의 당당한 8척 장신을 더하면 훌륭한 일을 할 수 있을 것이라 하면서 먼저 인의仁義를 닦고 현명한 주인을 섬기라고 했다. 아내의 충고를 들은 마부는 스스로 깊이 반성하면서 도道를 배워 겸손해지고 늘 자신이 부족한 사람이라는 것을 깨달았다. 안자가 그의 태도가 달라진 것을 보고 이유를 물으니 마부는 아내의 이야기를 사실대로 고했다. 안자는 마부가 아내의 충고를 받아들인 것을 보고 현명한 사람이라고 생각해 경공景公에게 천거해 대부大夫가 되게 했다. 그의 아내도 표창해 외명부外命婦로 삼았다.

《안자춘추晏子春秋》에 나오는 이 이야기는 유향劉向의 《열녀전》에도 실려 전하고 있다. 이렇게 남편을 깨우쳐 태도를 변하게 하고 마지막에는 출세시키는 아내의 역할은 김삼의당이 꿈꾸던 자신의 역할이었다. 현명한 아내로 예를 든 두 가지 경우 모두 하찮은 신분이던 남편을 성공시켰다. 김삼의당의 시댁 또한 벼슬에서 멀어진 지 오래된 한미한 가문이었다. 하립의 형은 진작에 과거를 포기하고 농사를 지었다. 그러나 그들이 살던 시대는 밭 갈던 농부나 마부도 대부가 될 수 있던 중국의 춘추시대가 아닌 조선후기였다. 항상 옛것을 기리는 공부만 하다가 정작 자신이 살고 있는 시대를 제대로 파악하지 못했던 것일까.

남편이 절에 가 공부하거나 서울에 과거시험을 보러 간 동안 가정생활을 이끌어간 김삼의당은 몇 차례의 낙방에도 굴하지 않고 더욱 남편을 채근했다. 당시 남편에게 보낸 편지는 비장하기까지 하다.

아름다운 풀이 긴 둑에 우거졌는데, 말 울음소리가 들려오더군요. 정신없이 옷을 입고 문에 나가보니 한 소년이 휙 지나가고 있었습니다. 곧 어린 종놈을 보내 과거시험 소식을 물어보게 하고는 당신이 이번 과거에 또 낙방한 것을 알았답니다. 고생이 많으셨어요. 저는 앞으로도 힘이 다할 때까지 할 겁니다. 작년에는 머리카락을 잘라 양식을 마련했고, 올 봄에는 비녀를 팔아 여비에 보탰습니다. 제 일신의 장신구들이 다 없어진들 당신의 여비 마련을 부족하게 할 수야 있겠습니까? 또 들으니 가을에 경시慶試가 있다고 하더군요. 내려오지 말고 준비하시기 바랍니다. 마침 인편이 있어서 안부를 여쭈며 상의 한 벌을 보냅니다.

이 편지를 쓰는 김삼의당이나 받는 남편의 심정이 어떠했을지 짐작이 된다. 몇십 년 동안 남편의 과거 급제만을 바라며 오랫동안 떨어져 살았다. 남편을 공부시키고자 자신은 머리카락까지 자르고 온 가족이 함께하는 단란한 가정을 포기한 채 살아야 했다. 그러나 결과는 매번 낙방이었다. 내려오지 말고 다음 시험을 준비하라는 단호한 아내의 말에 남편은 또 얼마나 슬펐을까.

10여 년을 계속 그러다가 고향으로 돌아왔다. 김삼의당은 남편을 기쁘게 맞아들였다. 억지로 무엇을 구하는 삶이 아니라 자연 속에서 천성에 맞는 삶을 즐기는 남편을 바라보며 신선과 같다고 위로했다.

노을은 비단과 같고 버드나무는 안개와 같네.
인간세상 밖의 별천지 이 아닐까.
서울에서 10여 년 분주했던 나그네
오늘 초당에서는 신선처럼 앉아 있네.

彩雲成綺柳如烟. 非是人間別有天. 洛下十年奔走客, 草堂今日坐如仙.[4]

나이 듦이 가져다준 평화일까. 집에 오지 말고 다음 시험을 준비하라던 아내는 이제 많은 것을 내려놓고 함께 시를 지으며 일상을 즐기고 있었다. 고요한 시골에서의 삶이 욕망을 초월한 신선 같은 생활을 가능하게 만들었다. 남편은 이 시에 차운해[附夫子次韻] 다음과 같이 화답했다.

> 초당의 사방에 바람과 안개가 좋구나.
> 늘그막에 시와 서예로 천성을 즐기니
> 하필 구구하게 욕심내어 무엇하리.
> 내 몸 편안한 곳이 곧 신선인 것을.
>
> 草堂四面好風煙. 晚境詩書自樂天 何必區區求所欲. 吾身安處是神仙.

그들은 작은 것에 만족하는 삶 속에서 서로를 이해하고 행복을 누릴 줄 아는 현명한 부부였다. 1801년 진안군으로 이주해 농사를 지으며 생을 마쳤다. 지금 그곳에 이들 부부의 시비詩碑가 서 있다.

---

3) 김만중金萬重의 《사씨남정기謝氏南征記》의 주인공.
4) 김삼의당, 〈초당에서 남편과 읊다[草堂奉夫子吟]〉.

6
소원이라고는 책 속에서
조용히 나이 드는 것뿐

수양 오씨인 진주晉周의 아내 안동 김씨는 농암거사의 딸이다. 숭정 기미년(1679) 12월 17일 자시에 태어났다. 이때에 나는 아버지 의정공議政公이 유배지에 계셨으므로 물러나 영평 백운산 자락에 은구암을 지어 살고 있었다. 그러다가 딸이 태어나 이름을 운蓍이라 지었다. 여덕을 잘 갖추라는 뜻을 삼았다. 내겐 이미 두 딸이 있었으나 이 딸이 용모가 단정하고 맑은 정신을 지니고 있어 더욱 사랑하였다.

다음 해 나는 아버지 의정공을 따라 서울로 돌아왔다. 9년 만에 기사년(1689)의 화를 당하여 다시 영평 산속으로 들어갔다. 그때 딸의 나이는 열한 살이었다. 아우 숭겸崇謙과 함께 열 몇 장의 책을 읽었는데, 문리가 통하여 스스로 《주자강목朱子綱

目》을 읽음에 막힘이 없었다. 날마다 문을 닫고 책을 잡고 푹 빠져들어 먹고 자는 것도 잊을 지경이었다. 나는 그것을 가상하고도 기특하게 여겼다. 그리하여 금지시키지 않고 말하였다.

"이 딸아이는 성품이 고요하고 질박하니, 글을 알더라도 탈이 없겠다."

그러고는 《논어論語》와 《서경書經》을 간단히 가르쳤다. 배우기를 다 마치지 않고도 그 이해력이 명철하였으니, 비록 육예 경전을 두루 다 읽은 자라도 그보다 뛰어나지는 못할 것이다. 내가 궁벽하게 살 때고 아들 숭겸은 아직 어렸다. 아침저녁 좌우에서 조용히 따르며 고금의 정치와 성현의 말씀을 논하는 것을 규중의 즐거움으로 삼은 이는 오직 이 딸아이뿐이리라.

6년 뒤 나라가 다시 안정을 찾자 마침 오씨가 와서 혼인을 청하였으므로 나는 딸을 시집보냈다. 양주 선영 아래에서 예를 갖추어 보내고 나서 나는 삼주에서 살았다. 이때엔 숭겸도 어느 정도 자라 나날이 조금씩 배움이 나아갔고 다른 학생들도 와 배우기를 청하는 자가 날로 늘어났다. 가르치는 일이 기쁘고 즐거웠으나 들어가 딸이 곁에 앉아 있지 않으면 문득 즐겁지 않았다. 딸이 곁에 있으면 기쁘지 않은 적이 없었다.

경진년(1700) 7월 17일에 갑자기 유질에 걸려 아비보다 앞서 세상을 떠났다. 나는 통곡하며 광주 월곡리 동남향에 장사 지내니 8월 18일이었다.

딸은 나면서부터 성품이 특별히 온화하고 공손하며 자애롭고 어질었다. 어려서 놀 때도 형제들 사이에 화내는 모습이나 거스르는 말이 드물었다. 부모에게 어떠하였을지는 미루어 알 만한 일이다. 시집가서는 시어머니를 공경하여 모시고 남편을 우애하며 함부로 하지 않았다. 다만 세속 부녀자들처럼 태가 나게 자신을 꾸미는 일은 잘하지 못해 인척들 가운데 그의 현명함을 모르는 이도 있었다. 큰할아버지 곡운谷雲 선생과 숙부인 삼연三淵이 항상 이 딸을 불러다가 함께 이야기하기를 좋아하셨다. 여사女士로 대우하시니 일가 딸들이 감히 바라보지 못하였다. 그러나 여럿이 있을 땐 물러나 겸손하게 마치 아무것도 하지 못하는 듯이 하며 오로지 여자로서 해야 할 일만을 열심히 하였다.

오씨에게 시집간 후 7년 동안 오씨 집안사람들은 딸이 책을 읽는 것을 한 번도 보지 못하였다. 나의 사위조차도 보지 못하였으니 그 아이의 야무짐이 이와 같았다. 일찍이 형제들과 사사로이 대화를 나눌 때, "내가 만약 남자로 태어날 수 있다면, 다른 소원은 없어요. 다만 깊은 산속에 집을 짓고 수백 권의 책을 쌓아두고 그 속에서 조용히 나이 들면 그걸로 족해요"라고 하였다. 나중에 남편과 대화할 때에도 이런 뜻을 전하며 "진실로 그렇게만 된다면 저는 들에 밥을 나르고 누에를 치며 당신의 옷과 음식을 마련하겠어요"라고 하였다. 항상 남편에게 제때 힘써 공부하여 경술과 문장으로 스스로 서야 한다고 부탁하며 말하였다.

"죽을 때까지 이름이 나지 않는 것을 군자는 병통으로 여깁니다."

집안에서의 말은 대체로 이것뿐이었다.

애초에 이 딸이 죽고 나는 곧장 딸의 묘지명을 쓰려고 하였으나 아들 숭겸이 죽었다. 얼마 있다가 둘째 딸이 또 죽었다. 그러고는 모친상을 당하는 지경까지 이르니 비통하고 애통하여 다시 글을 쓸 수 없었다.

내가 전에 고종형의 죽은 딸을 위해 묘문을 지어준 일이 있었다. 딸아이가 그때 그것을 보고 말하였다.

"이 언니는 그래도 아버지의 글을 얻어 그 죽음이 헛되지 않으니 불행한 것이 아니네요."

간혹 제 남편에게 말하기를 "나는 여자라 세상에 드러낼 공덕이 없는 것이 한스럽습니다. 차라리 일찍 죽어 아버지의 글 몇 줄을 무덤에 새기는 것이 나을 것 같아요"라고 하였다고 한다.

그런 딸이 죽었는데도 나는 제때 묘지명을 짓지 못하였다. 이러다가 문득 하루아침에 내가 죽거나 하면, 아비와 자식이 모두 지하에서 눈을 감지 못할 것이다. 마침내 비통함을 무릅쓰고 울면서 글을 써 무덤에 묻는다. 오호, 그것이 참언讖言이었는가. 딸은 과연 바라던 바를 얻은 것인가.

김창협金昌協의 〈망녀오씨부묘지명亡女吳氏婦墓誌銘〉은 시집가 아들을 낳은 지 이레 만에 죽은 딸을 위해 김창협이 쓴 묘지명이다. 글에서 이 막내딸이 남자 못지않게 학문에 자질이 있었음을 특기하고, 집안 어른들이 그녀를 여사라 불렀으며 다른 여성들은 그것을 부러워했다는 사실을 자랑스럽게 기록했다. 《논어》·《서경》 등 딸에게 가르친 책의 종류까지 상세하게 기록한 것은 유교 경전 중심의 교육을 시켰음을 밝히고 있는 것일 텐데, 《서경》과 같이 정치 중심의 글을 딸에게 교육시켰던 것은 흥미로운 부분이다.

비록 딸의 성품이 고요하고 질박해 해가 없을 것이라던 전제가 있긴 했지만 이렇게 딸을 가르치는 것이 아주 예외적인 일만은 아니었다. 김창협은 자신의 누이에게도 《시서詩書》를 배우라고 권했으며, 임성주는 누이인 임윤지당에게 학문을 가르치고 자신의 성리설을 전수했다.

'운'이라는 이름을 가진 이 여성이 가장 행복했던 시간은 아마도 아버지의 은둔시절이었을 것이다. 백운산에서 아버지에게 학문을 배우고 종일 책을 읽으며 토론하는 것이 자신의 뜻에 가장 잘 맞았기 때문이다. 공자가 발분망식發憤忘食하듯이 배우고 책을 읽을 때 가장 행복했던 여성. 단지 소원이라고는 수백 권의 책 속에서 조용히 나이 들어가는 것이라 하니 천성이 책을 사랑했던 것 같다.

자신의 아버지뿐 아니라 우리의 가슴까지 아프게 하는 것은 그렇게 책을 읽는 것을 좋아하고 학문할 자질을 갖춘 여성이 마음껏 공부하고 마음껏 책을 읽을 수 없는 시대를 살다가 갔다는 사실이다. 결혼하고부터는 아무도 그녀가 책을 읽는 것을 보지 못했고 심지어는 남편까지도 몰랐다고 했다. 그사이 그녀의 삶은 어떠했을까. 오로지 여자로서 해야 할 일과 허용된 일만 열심히 하며 살았다. 그러고는 아들을 낳고 7일 만에 숨을 거두었다. 이렇게 태어난 그 아들 오원은 후에 아내를 잃고 쓴 제문에서 자신이 태어나자마자 어머니가 돌아가시고 자신의 삶이 온통 불행했다며 울부짖었다.

　　김창협의 고종형 딸이 죽었을 때 운의 나이는 겨우 열한두 살이었다. 여자로 살면서 아무 공덕이 없기보다는 차라리 일찍 죽어 아버지의 글을 무덤에 새기고 싶다는 생각을 하기에는 너무 앳된 나이였다. 어린 나이에 이미 여자로서의 한을 알아버린 그녀. 스물두 살의 나이에 세상을 떠나면서 아버지의 글에 자신의 소망을 담았으니, 그녀는 과연 소원을 이룬 것일까. 부모보다 먼저 가는 것을 가장 큰 불효라 하는데, 왜 그런 참언을 입에 올리고 끝내 아버지로 하여금 이렇듯 슬픈 글을 쓰게 만들었는지 알 수 없다.

7
죽음을 초월한 우정

매죽당 이씨는 종실 완원군5의 후예다. 이씨는 어려서부터 꽃
기르기를 좋아하였다. 얼마 안 있어 탄식하기를, "이는 부인의
소임이 아니다"하면서 모두 없애고, 다만 매화와 대나무 몇 그
루만 두었다. 마침내 스스로 매죽당이라 호를 짓고, 이로부터
매일 여자의 할 일을 부지런히 닦았다. 그러나 성품이 총명하
고 지혜롭고 학문을 좋아하여 자못 《주역周易》에 달통하였다.
또 노래와 시에도 능하였다.

이때 조옥잠이라는 여자가 있어 사람됨이 맑고 높으며, 글을
잘하였다. 이씨와 조옥잠은 서로 친구가 되어 매우 잘 맞았다.
일찍이 조옥잠과 더불어 고금의 인물과 도술이단에 대해 의논
하며 수많은 말을 주고받았다. 조옥잠이 불설佛說에 대해 묻자,

이씨는 "천하의 이치가 어찌 미혹되겠는가"라고 하였다. 또 도에 대해 묻자, "천리와 인욕은 터럭 하나 사이일 뿐이다. 한 번 움직임이 마땅한 것은 천리이고, 마땅함을 얻지 못한 것은 인욕이다"라고 하였다. 이씨가 역사에 나오는 인물에 대해 말하기를 "이릉6이 몸을 죽여 절개를 밝히지 못한 것은 이 또한 위율衛律7과 같을 뿐이다"라고 하였다. 조옥잠이 말하기를, "자기 뜻이 아닌 것을 어찌겠는가"라고 하니, 이씨는 "그렇지 않다. 남자가 절개를 잃음은 마찬가지다"라고 하였다. 이들이 함께 당대의 일에 대해 말할 때는 가끔 강개하고 불평한 뜻이 있었다.

옥잠과 함께 책에 대해 논할 때 《주역》에 대해서는 "마침내는 물속 그림자와 같다"라고 하였다. 조옥잠이 자신이 지은 시 서너 편을 암송하니, 성운이 맑고 뛰어났다. 서로 함께 시를 읊조리며 탄식하였다. 당시 그들의 담론과 의기는 아름답고 군자의 풍이 있었다.

그후 조옥잠이 죽었다. 이씨는 조옥잠을 잃고 나자 괴로움을 이기지 못하고 시를 지었다.

하늘이 노쇠한 지 이미 오래되었네.
안회는 요절하고 도척盜跖은 오래 사니,
다른 것은 일러 무엇하리?
오호! 옥잠이 하늘에 대해 어찌하며,
명에 대해 어찌하리?

몇 년 있다가 이씨도 피를 토하고 죽었으니, 나이가 열아홉이었다. 그의 시문이 약간 전하지만, 그러나 이씨는 불행히 단명하여 자기 재주와 덕을 이루지도 못하고 세상에 남긴 것 또한 많지 않다. 조옥잠은 더욱 알려진 것이 없으니, 슬프도다.

이씨는 성품이 지극히 효성스러워 부모가 어린 아들을 잃고 매우 슬퍼하자, 이씨는 그때 다섯 살이었는데도 울면서 말하기를, "어떻게 하면 내가 동생을 대신할 수 있을까?"라고 하였다. 부모와 좌우를 섬기는 데 거스름이 없었다. 여러 아우들을 보듬는 것도 정답고 바르게 하였다. 일찍이 동생들에게 책을 주며 이르기를, "너희가 가만히 앉아 책을 읽으면 내 마음이 기쁘겠고, 만약 문 밖으로 나가 뛰어다니고 장난치며 놀면 내 근심이 그칠 날이 없을 것이다"라고 하였다. 시집가매 사람들이 어진 아내라 일컫고, 그가 죽으니 시댁식구들 가운데 슬퍼하지 않는 이가 없었다고 한다.

임경주任敬周가 쓴 〈매죽당 이씨전梅竹堂李氏傳〉이다. 조선의 남자들이 남겨놓은 여성에 관한 전은 거의 '열녀' 아니면 '효녀'에 관한 것이다. 이처럼 여성들끼리 우정을 나누는 모습을 아름답게 그리고 있는 작품은 드물다. 작품 전체에서 이씨가 결혼한 여자라는 사실을 알려주는 것은 끝에 시집 사람들이 어진 아내라고 일컬었다는 대목뿐이다. 오로지 두 여성의 대화를 소개하고 죽음 이후에도 이어지는 안타까운 우정을 묘사하는 데 치중하고 있다.

이들의 우정은 당시 사람들에게 회자되었던 듯 야담집에도 실려전하고 있다. 조옥잠이라는 여성은 중인층 집안의 여성으로 시를 잘 지었다고 한다. 야담집에는 이씨 부인이 먼저 낙태를 해서 죽으니 조옥잠이 이로 인해 낙심해서 곡기를 끊고 병들어 죽었다고 했다. 누가 먼저 죽었는가 하는 사실 여부가 중요한 게 아니다. 여성들의 우정이 이처럼 살아갈 힘을 잃을 만큼 크고 소중하다는 것을 말해준다.

매죽당이 지은 글이 수백 편도 넘는데 시댁과 친정에서 모두 감추고 전하지 않는다고 한다. 아마도 그 친정과 시댁은 여자가 글 짓는 것을 별로 탐탁지 않아 하는 집안이었던 모양이다.

이 글의 작자 임경주는 임윤지당의 오빠로서 젊은 시절에 문장으로 크게 이름을 날렸으나 스물여덟 살에 세상을 떠나고 말았다. 그의 문집 《청천자고靑川子稿》에 우정에 대한 글이 있어서 매죽당 이야기와 연결된다. 〈우정을 해석함[釋友]〉이라는 글에서 우정을 '도의 사귐'이라고 하면서 당시 사람들이 귀천과 존비에 따라 사람을 사귀는 것을 비판하고 있다. 신분이 귀한 사람은 천한 사람과 사귀지 않고 낮은 사람은 감히 높은 사람과 나란히 하지 않는다면서 서로 지위가 비슷해야만 친구라고 일컫는 세태를 비판했던 것이다.

그 당시에 양반 지식인들 사이에서는 우정에 대한 논의가 매우 활발해졌다. 신분제 사회에서 특히 당파와 이해관계에 따라 이합집산이 성행하던 상황이 오히려 우정의 문제를 심각하게 고민하는 계기가 될 수도 있었을 것이다. 끼리끼리의 문화를 개선하자는 움직임이 우정론을 통해 설파되었던 것이다. 임경주는 신분을 초월한 우정의 실천을 여성들을 통해 보여주고 있다. 임윤지당과 같이 학문을 하는 여성을 배출한 집안이어서인지 여성들의 이야기에 관심을 보였다. 그들의 대화 내용을 보면 여성들의 학식이 종교와 역사, 경전에 이르기까지 두루 미치고 있음을 보여준다. 그야말로 서로 도가 통하는 그런 우정이었다.

이씨가 얼마나 효성이 지극한지 보여주기 위해 덧붙인 마지막 일화는 왠지 슬프다. 다섯 살 여자아이가 남동생의 죽음에 슬퍼하는 부모에게, "어떻게 하면 내가 동생의 죽음을 대신할 수 있을까"라며 울었다는 이야기는 그 나이에 벌써 세상이 남자 중심이라는 것을 알아버렸다는 것을 말해주기 때문이다.

---

5) 성종의 아들인 이수李燧를 뜻한다.
6) 중국 전한의 장수다. 흉노에게 항복했다.
7) 이릉에 앞서 흉노에게 항복한 무장이다.

8
엄격하게 공경하는 것만이 효는 아니다

그대 나이 열여섯에 우리 집안에 시집왔다. 혼인하던 날에 돌아가신 아버지께서 크게 기뻐하시며, "이 며느리는 덕을 지녔다. 순박하며 진중하고 노성하여 진실로 수암遂菴 권상하權尙夏[8]의 손녀다"라고 하시었다. 선군先君의 성품은 화목하되 간결하시어 일가의 부녀자들을 쉽게 인정하지 않았는데 다만 그대를 칭찬하여 말씀하시기를 "덕용이 구비한 것은 진실로 나의 어진 며느리라. 반드시 우리 집안에 복을 가져오게 할 것이다"라고 하셨다.

그대는 선군을 섬기기를 극진히 성과 효를 다하였다. 아침부터 낮 동안 곁에서 모시는데, 사고가 아니면 잠시도 떠나지 않았다. 모든 행동이 아버지의 뜻에 맞지 않음이 없었다. 선군이 매우 편안하게 여기셨다. 일찍이 나를 불러 "네 아내가 내 뜻에 맞추는 것을 너는 절대 따라오지 못한다"라고 하셨다.

그대는 선군을 섬김에 조금도 숨김이 없었다. 하루는 친정에 다녀오는데 선군이 왜 늦었는가를 물으시자, "늦게 일어나 세수도 하지 못하였습니다"라고 대답하였다. 선군이 들으시고 "이는 솔직하고 숨김이 없는 것이니, 요즘 부녀자들의 꾸며대는 말에 비할 수 없다" 하며 칭찬을 멈추지 않았다. 시집온 지 몇 달 남짓한 때였다.

그대가 선군을 곁에서 모실 때 얼굴은 온화하고 말과 웃음은 즐거웠다. 내가 한번은 공경스러움이 모자란다고 질책하였다. 그대는 답하기를, "부모를 섬기는 도리는 오로지 엄하게 공경하기만 하는 것이 꼭 옳은 일일까 싶습니다"라고 하였다. 나는 그 이야기에 탄복하였다.

그대가 한번은 어떤 일로 인해 선군에게 꾸지람을 들었다. 내가 마침 들어가 그대를 보자, 그대는 근심스러운 낯빛으로 가만히 내게 말하기를, "그대가 나를 대함은 부모님이 나를 보듯이 해야 하거늘 지금 내가 부모님께 꾸지람을 듣고 부모님의 뜻이 아직 풀리지 않았는데도 그대는 나를 꾸짖지 않고 평소와 다름없이 드나드니 되겠습니까?"라고 하였다. 나는 이 말을 듣고 나도 모르는 사이에 낯이 붉어졌다.

선군은 항시 병이 있었다. 그대는 밤낮으로 걱정스러워 하며 잠시도 말과 행동에서 긴장을 풀지 않았다. 반드시 선군이 드셔야 먹었고, 반드시 선군이 잠드셔야 잤다. 혹 병이 중해지면 매번 한밤중에라도 자지 않고 시중을 들었다.

그대가 선군을 섬기는 데 효애가 본디 극진하여, 선군의 사랑 하심이 또한 매우 컸다. 매번 그대가 모시고 앉아 있으면 곧 흔연히 기쁜 빛이 있었다. 친척을 대하면 비록 작은 일이라도 문득 일컬어 자랑하셨다. 일찍이 말씀하시기를 "늘그막에 병이 들었으나 다행히 이 며느리를 얻어 내 마음은 기쁘다. 병이 거의 나을 듯하다"라고 하셨다. 병이 심해지자, "이런 좋은 며느리를 얻었으니, 나는 죽더라도 걱정이 없다"라고 하셨다.

그대가 나의 생가 부모를 섬길 때에도 선군을 섬기듯 하였다. 그대는 집사람들이 어머니에 대해 그대에게 하는 말을 무시하고, 효성스럽게 섬기니 집안에 두말이 없었다. 혹시라도 있으면, 그대는 곧 정색을 하고 엄한 말로 물리쳤다. 뒤에는 감히 말을 꺼내는 자가 없었다. 그러므로 어머니는 일찍이 말씀하시기를, "이 며느리는 나를 섬김에 정말로 내 소생과 다름이 없다. 난 정말 이 아이의 지극함에 감동하였다"라고 하셨다.

그대는 여자들이 결혼하면 늘 친정부모가 멀리 떨어져 있는 것을 한스러워 하였다. 거의 항상 그 생각에서 벗어나지 못하는 것 같았다. 그리고 일찍이 말하기를 "평생 정을 준 바가 적으나 다만 언니 하나가 나이도 비슷하여 잠시라도 서로 잊을 수가 없습니다"라고 하였다.

그대의 성품은 매우 인후하였다. 일찍이 스스로 말하기를, "평

생 화낼 노怒 자를 알지 못합니다"라고 하였다. 내가 "화도 칠
정七情 가운데 하나이거늘 어찌 없을 수 있는가?" 하였으나, 그
대와 사는 동안에 실로 한 번도 화난 기색이나 급히 꾸짖는 말
을 듣지 못하였다. 이는 천성이 그런 것이니, 만약 꺼리고 화난
마음이 있어도 결코 얼굴이나 말에 나타내지 않았다. 일부러
약을 올려도 그러지 않았다.

그대는 평생 스스로 자기 뜻이나 소원을 말하지 않았다. 비록
묻더라도 곧 사양하고 답하지 않았다. 내가 일찍이 집안을 다
스리는 도에는 무엇이 우선이 되어야 하는가를 묻자 그대는 답
하기를, "우리 부인들은 잘 모르지만, 다만 위아래를 바르게 하
고 내외를 엄히 구분하면 도에 가까울 것입니다"라고 하였다.

그대는 입으로 화려함과 영달을 말하지 않았다. 그 뜻을 보면
또한 깨끗하였다. 모든 일에 결코 부러워하거나 꼭 해야겠다는
뜻도 없었다. 그대는 말하기를, "얻고 잃음은 정해진 바가 있으
니 다만 마땅히 맡길 뿐이다"라고 하였다. 그대는 나와 말할 때
모두 조리가 있어 들을 만하였다. 차라리 한가한 말을 할지언
정 절대로 남의 과실이나 장단을 비교하는 말은 하지 않았다.

그대는 고아하여 외모를 꾸미거나 치장하지 않았다. 행동거
지가 중도를 얻었으며, 용의가 한정하였다. 선군이 일찍이 일
컬어 말씀하기를, "내 며느리는 행동 하나하나가 마땅하지 않
은 것이 없다"라고 하셨다. 나와 함께 있을 때에도 조금도 게으
르거나 예의에 어긋나는 것을 보지 못하였다.

그대는 선군이 상을 당하여 슬픔이 지극하였다. 장례에 하나같이 예에 따라 조심하고 삼갔다. 장례 초에 병을 얻어 조금 나아지다가 상처가 깊어졌다. 그 후 병이 심해 일어나지 못하였다. 우리 친척들은 모두 가슴 아파하면서 "이 며느리가 시아버지 상을 잘 치르더니 안타깝다. 마침내는 몸을 훼손하고 마는구나"라고 하였다.

그대의 병이 심해져 힘들었으나 나의 생부께서 들어가 살펴보실 때마다 그대는 반드시 일어나 앉아 보통 때처럼 하였다. 세상을 떠나기 7, 8일 전, 내가 들어가보니 이미 할 수 있는 일이 없었다. 그러나 혼수상태에서도 곧 아버님이 어디에 계신가를 묻고 근심을 끼칠까 걱정하였다. 이때 그대의 부모님은 호서지방에서 부모의 상중에 계셨다. 그대는 내게 말하기를, "내가 날마다 어머니가 오시기를 기다렸는데, 지금 이렇게 병이 나고 말았습니다. 보시면 더욱 근심만 하게 되니 차라리 오시지 않는 게 낫겠습니다"라고 하였다. 임종에 통곡하며 어머니를 부르다가 소리가 다하니 숨졌다.

그대가 이미 병이 어쩔 수 없다는 것을 스스로 알고, 나를 향해 오직 부모가 생각난다는 말을 한 것 이외에는 끝까지 아무것도 다른 일에 대해서는 말하지 않았다. 집안사람 가운데 병을 간호하는 사람이 말하기를, 그대는 병을 몇 달 동안 끄느라 병세가 상당히 고통스러워 곁의 사람이 차마 볼 수 없는 지경인데도 절대로 슬픈 낯빛이나 근심스러운 말을 하지 않고 단지 부모를 미처 보지 못하고 가는 것만 한스럽게 여기니 그 성품이 넓고 실로 보통 부인네가 아니라 하더라.

병이 심해지면서도 그대의 정신은 오히려 어그러지지 않았다. 임종하던 날 밤, 내가 안부할 때마다 그대는 얼른 말하기를, "밤이 깊었는데 왜 주무시지 않습니까?"라고 하였다. 내가 들여다보려 하면 그대는 들어오지 말라고 하였다. 대체로 좋지 않은 것을 멀리하고 마지막을 바로 하려 함이었으리라. 계집종들을 돌아보며 말하기를, "새로 올 마님을 잘 섬겨라. 내가 없다고 혹 게을리하지 말고"라며 타일렀다.

오원의 〈망실 안동 권씨 행록亡失安東權氏行錄〉이다. 아내의 평소 일상을 담담하게 기록해놓은 것이다. 열여섯에 시집와서 스무 살에 죽었으니 함께 산 시간은 4년에 불과하다. 앞서 살펴보았듯이 오원은 생모가 자신을 낳고 이레 만에 세상을 떠났고 할머니 손에 자라다가 할머니마저 다섯 살 때 세상을 떠나는 등 어려서부터 죽음을 많이 경험했다. 후에 죽은 아내를 그리며 지은 시에서는 자신이 쌓은 재앙으로 아내를 죽음에 이르게 했다고 통탄했다.

오원의 생부는 김창협의 문인인 오진주이며, 어머니는 김창협의 딸이다. 큰아버지인 오태주吳泰周에게 양자로 들어갔다. 이 글에서 선군이라 지칭하는 오태주는 현종顯宗의 딸인 명안공주와 결혼해 부마가 되었다. 부마는 평생 공주를 상전을 모시듯 해야 하고, 다른 처첩을 둘 수 없었다. 공주가 요절하면 일생을 홀아비로 지내야 했다.

명안공주는 소생 없이 스물한 살에 세상을 떠났다. 오태주는 스무 살에 홀아비가 되었으나 부마였기 때문에 재혼할 수가 없었다. 글에는 그런 시아버지를 진심을 다해 모시는 며느리와, 그런 며느리를 흐뭇하게 대하는 시아버지의 모습이 정겹게 그려져 있다.

예의를 지나치게 의식하면 인간관계가 경원시되게 마련이다. 공경하되 관계는 멀어지는 무미건조한 사이보다는 인정이 있는 인간적인 관계가 더 바람직하다. 예를 너무 따지고 내세우다가 관계가 소원해지는 것이 가부장제의 문제이기도 하다. 시아버지 앞이라 예의를 차린다고 엄하게 하기보다는 온화한 얼굴에 웃음과 말로 즐겁게 해드리는 것이 더 큰 효도라고 생각하는 며느리는 진심으로 시아버지가 무엇을 원하는지 그 마음을 알았던 것 같다. 늦게 와서 다른 변명을 늘어놓기보다는 솔직하게 늦잠을 자서 세수도 하지 못하고 왔다고 말하는 며느리에게 시아버지는 더 후한 점수를 주었다.

항상 며느리가 모시고 있으면 시아버지는 기쁜 낯빛으로 친척들에게 며느리 자랑을 했다. 그녀 스스로도 화낼 노 자를 모른다고 하니, 아마도 긍정적인 사고를 가진 낙천적인 성격의 여성이었던 것 같다.

자신의 아내가 얼마나 좋은 며느리이고 좋은 아내였던가를 힘을 주어 서술하고 있으나, 그 이면에는 친정을 못내 그리워하다가 죽어가는 딸로서의 비애가 담겨 있다. 훌륭한 며느리이자 아내의 역할을 다한 이 여성의 죽을 때 나이는 고작 열아홉 살이었다. 오로지 부모를 만나는 것만 기다리다가 제 어미를 부르며 죽어가는 모습에서 조선시대 양반가 여성의 한을 만날 수 있다.

결혼하기 전에는 우애로운 형제였던 언니를 다시 보는 것도 어렵고 멀리 떨어져 있는 친정부모를 만나는 것도 힘들었다. 시집살이는 생가와 양가로 나뉘어 친인척도 많고 종들도 많아서 어린 나이에 어른 노릇을 해야 했다. 게다가 생가의 시어머니는 계모고 그 밑에 시동생들이 있는 복잡한 관계 속에서 맏며느리 노릇을 해야 하는 어려운 위치에 있었다.

오원은 곁에서 지켜본 남편으로서 그런 시집살이 속에서 현명하고 의연한 모습과 함께 친정부모를 그리워하며 울면서 세상을 떠나는 아내의 슬픔까지도 담아내고 있다. 보통 여성을 그린 행장이나 전에는 그녀가 얼마나 유교이념에 맞는 삶을 살았는지 강조하게 마련인데, 오원은 아내의 한을 너무 잘 이해한 남편이었으므로 아내의 마지막 모습을 가감 없이 그리고 있는 것이다.

---

8) 조선후기 성리학자. 송시열의 제자다.

9
강인한 현모양처의 여린 모습

나의 어머니의 이름은 아무개, 진사 신명화申命和 공의 둘째 따님이다. 어린 시절에 경전에 통달하여 글을 지을 줄 알았다. 그림을 그리고 글씨 쓰는 일도 잘하셨다. 바느질도 뛰어나 자수 놓는 일에 정묘함을 얻었다. 더하여 타고난 자질이 온아하며 지조가 곧고 깨끗하였다. 태도는 고요하였고 일을 처리함에 편안하고 자상하였다. 말은 적게 하고 행동을 삼갔다. 또한 스스로 겸손하여 이 때문에 신공이 매우 사랑하고 귀히 여기셨다. 성품이 순수하고 효성스러웠으니 부모가 병이 드시면 안색이 어두워졌고 병이 나으시면 다시 예전으로 돌아갔다.

우리 아버지에게 시집올 때 외할아버지께서 아버지에게 말씀하시기를 "내가 딸이 많지만, 다른 딸은 시집가더라도 별로 상관없으나 네 아내만은 내 곁을 떠나게 할 수 없네"라고 하셨다. 결혼한 지 얼마 지나지 않아 외할아버지께서 돌아가셨다. 장례를 치른 후 신부의 예를 갖추어 서울에 있는 시어머니 홍씨를 찾아뵈었다. 몸을 함부로 움직이지도 않았고 말을 함부로 하지도 않았다. 하루는 친척들이 모여 잔치를 베풀었다. 친척 여자들이 모두 담소하였고, 어머니는 그 가운데 아무 말 없이 앉아 있었다. 할머니 홍씨가 지목하여 "신부는 왜 말이 없는가" 라고 하시자, 무릎을 꿇고 아뢰었다.

"여자로서 문밖을 나가지 못하였습니다. 본 바가 없으니 무슨 할 말이 있겠습니까?"

자리에 있던 이들이 모두 부끄럽게 여겼다.

후에 어머니는 강릉으로 외할머니를 뵈러 가셨다. 돌아올 때 자친과 울며 이별하였다. 행차가 대관령 언덕에 이르자 북평을 바라보며 그리운 마음을 이기지 못하였다. 수레를 한참 동안 멈추게 하고 슬피 눈물을 흘리셨다. 그때의 시가 다음과 같다.

어머니는 흰머리로 강릉에 계신데

내 몸은 서울 향해 홀로 가는 이 마음

머리 돌려 북촌을 때때로 한 번씩 바라보니

흰 구름만 날아 앉고 해 저무는 산은 푸르구나.

慈親鶴髮在臨瀛 身向長安獨去情 回首北村時一望 白雲飛下暮山靑.[9]

서울에 이르러 수진방¹⁰에 거하셨다. 시어머니 홍씨는 연로하여 가사를 돌보지 못하였다(이때가 신축년[1541]이다). 어머니가 큰 며느리 역할을 하였다. 아버지는 성품이 호탕하여 집안 살림을 돌보지 않았다. 자주 생활비가 끊겼는데 어머니가 아껴서 어른 봉양과 아랫사람들을 기르는 일을 꾸려나갔다. 모든 일을 혼자 마음대로 하지 않고 시어머니에게 고하였다. 시어머니 앞에서는 계집종들을 꾸짖지 않았다. 말은 반드시 따뜻하게 하였고 낯빛은 반드시 온화하게 하였다. 아버지가 어쩌다 실수하는 일이 있으면 반드시 이치에 맞게 간하셨다. 아들딸이 잘못하면 꾸짖고 좌우에 모시는 이들이 잘못하면 책망하셨다. 남녀종들이 모두 공경하여 모시었고 그들의 환심도 얻었다.

어머니는 평시에도 항상 강릉을 그리워하였다. 한밤중에 고요한 시간이면 눈물을 흘리고 어느 때는 새벽까지 잠들지 못하기도 하였다. 하루는 친척어른인 심공沈公이 여종을 데려와 거문고를 탔는데, 어머니는 거문고 소리를 듣고 눈물을 흘리셨다. "거문고 소리가 가슴에 와닿습니다"라고 하니 자리에 앉은 이들이 모두 슬퍼하였으나, 그 의미를 깨달은 사람은 없었다. 또 한 번은 사친시를 지었는데, "밤마다 달을 향해 기도하니, 생전에 뵈올 수 있기를 바라네[夜夜祈向月 願得見生前]"라고 썼다. 이렇듯 그 효심은 천성에서 나온 것이다.

어머니는 갑자년(1504) 겨울 10월 29일에 강릉에서 나셨다. 임오년(1522)에 아버지에게 시집오시고 갑신년(1524)에 서울에 오셨다. 그 후 강릉에 가시기도 하고 봉평에 살기도 하였다. 신축년(1544) 서울에 오고 경술년(1550) 여름에 아버지가 수운 판관이 되셨다. 신해년(1551) 봄에 삼청동 집으로 이사하였다. 그해 여름에 아버지는 조운의 일로 관서지방으로 가시게 되었는데, 큰아들 선璿11과 내가 모시고 갔다. 그때 어머니는 물길을 통해 편지를 보내셨는데 언제나 울면서 편지를 썼다. 아무도 왜 그러하는지 알지 못하였다.

5월에 조운의 일이 끝나서 아버지는 배를 타고 서울로 향하였다. 도착하기도 전에 어머니는 병이 드셨다. 겨우 2, 3일 동안 자식들에게 간단한 말씀만 하셨는데, 아무래도 일어나지 못할 것 같다고 하셨다. 밤중이 되자 평소처럼 평안히 잠드셨다. 자식들은 병이 나아가는 것이라 여겼으나, 17일 새벽에 갑자기 돌아가셨다. 그날 아버지는 서강에 도착하셨다. (나도 모시고 있었다.) 여행 짐 속에 있던 놋그릇이 모두 붉게 변해 다들 이상하게 여겼다. 조금 있으니 어머니가 돌아가셨다는 기별이 왔다.

어머니는 평소에 그림 솜씨가 보통이 아니었다. 일곱 살부터 안견安堅의 그림을 모방하여 〈산수도山水圖〉를 그렸는데, 아주 기묘하였다. 또한 포도 그림은 온 세상에서 따라올 자가 없었다. 어머니가 그린 병풍 족자 등이 세상에 널리 전하고 있다.

율곡 이이가 쓴 어머니 신사임당의 행장이다. 짧은 기록 속에 신사임당 본연의 모습이 확연히 드러난다. 어려서부터 문학과 예술에 재능이 있었고, 감수성이 예민한 여성이었다. 부모님의 사랑을 듬뿍 받고 자라 항상 부모님을 그리워하는 마음을 품고 있었다. 멀리 서울에서 강릉의 어머니를 그리며 눈물짓고 잠들지 못하기도 했다. 전체 글의 절반가량에 친정부모를 그리워하는 딸로서의 모습이 담겨 있다. 친정부모는 아들 없이 딸만 다섯을 두었다. 그 가운데 둘째인 신사임당을 더 애틋하게 사랑했던 듯하다.

시집 친척들이 모인 잔칫날 일화라며 소개한 이야기 속의 신사임당은 왠지 모르게 외로워 보인다. 다들 담소하며 즐거워하는데 혼자 아무 말 없이 앉아 있는 새색시의 모습이 안타깝다. 그러나 그녀는 자신의 고고함을 드러내며 친척 여성들을 모두 부끄럽게 만들어버렸다.

남편의 잘못에도 사리를 따져 간하고 아들딸이나 좌우의 잘못에도 항상 엄하게 꾸짖었다고 한다. 잘 알려진 이야기로 다음과 같은 일화가 있다. 남편이 당숙인 이기李芑의 집에 드나들자 신사임당은 남편에게 어진 선비를 모해하고 권세를 탐하는 당숙의 영광이 오래갈 수 없다고 하면서 그와 관계하지 말라고 권했다. 이기는 1545년에 윤원형尹元衡과 함께 을사사화乙巳士禍를 일으켰던 사람이다. 남편은 신사임당의 말을 받아들인 덕에 뒷날 화를 당하지 않았다. 이렇게 남편에게 바른말을 하는 신사임당에 대해 율곡은 "아버지가 어쩌다 실수하시는 일이 있으면 반드시 이치에 맞게 간하셨다"라고 간단하게나마 언급했다.

규중에서만 생활하는 여성의 입장이지만 세상이 돌아가는 것을 바라볼 줄 알고 올바른 길을 가도록 남편과 자식들을 이끌 줄 알던 현명한 여성이었다. 그러자면 자기 자신에게는 얼마나 올바르고 엄격했을 것인가. 오늘날 우리가 전통시대 여성상의 대표로 삼고 있는 신사임당의 삶은 이렇듯 딸로서 아내로서 며느리로서 어머니로서 묵묵히 책임을 다하는 삶이었다. 그뿐 아니라 아랫사람들을 잘 거느려 공경받는 윗사람 노릇까지 완벽하게 잘 수행했다. 현모양처가 무조건 남편에게 순종하기만 하는 여성이 아니라는 것을 자신의 삶으로 보여주었다.

그녀는 4남 3녀를 낳아 길렀으며 마흔여덟의 나이로 죽음을 맞았다. 셋째 아들인 율곡은 당시 열여섯 살이었고 막내아들은 열 살에 불과했다. 밤마다 달을 보며 생전에 다시 만나기를 소원하던 친정어머니를 보지 못하고 어머니보다 먼저 세상을 떠났다. 당시 관서지방으로 갔던 남편과 아들이 서울에 당도했으나 안타깝게도 만나지 못하고 숨을 거두었다. 죽음을 예견이라도 한 듯 눈물을 흘리며 편지를 쓰고 병들어 누워서는 일어나지 못할 것 같다는 이야기를 했다고 한다.

아들이 묘사한 어머니의 삶, 반듯하고 사리분별이 정확하고 매사에 완벽해 보이는 그녀의 삶은 반면에 참 외롭게 느껴진다. 자매가 많았으나 시집가면서 흩어지고 시집에서는 중심을 잡고 살림을 꾸려가느라 임의로운 대화 상대도 없었을 것이다. 그래서 그녀는 한

밤중에 고향을 그리며 눈물을 흘리고 여종의 거문고 소리에도 눈물을 흘렸다. 아들은 이것을 천성적인 효심과 연결을 시켰으나 그에 더해 예술가로서의 삶을 마음껏 살지 못하는 한이 쌓여 있었던 것은 아닐까.

신사임당이 오로지 자신을 위해 몰두한 시간은 어쩌면 그림을 그리는 때였을 것이다. 지금의 시각으로 보아도 감탄이 절로 나오는 포도나 가지, 벌레 등을 그린 그림은 누가 시켜서 하는 것이 아니라 천부적인 재능이 저절로 발현된 것이다. 아들도 어머니의 삶에서 그림을 빼놓을 수는 없었는지 행장의 마지막은 어머니의 예술적 재능을 극찬하며, 어머니가 그린 병풍과 족자가 세상에 널리 전하고 있다고 했다.

당대 문인들도 이미 신사임당의 그림에 대해 감탄을 금치 못하고 그 감동을 시로 읊고 글로 남겨두기도 했다. 안견 이후의 최고 화가라는 평가를 받았으며, 지금 국립중앙박물관에 소장된 〈초충도草蟲圖〉 이외에도 〈산수도〉 등 많은 그림이 사람들의 마음을 움직였다.

막내인 옥산玉山 이우李瑀는 영남의 선산에 살았는데, 사절四絶로 일컬어졌다. 보통 말하는 삼절三絶, 즉 시서화詩書畫에 더해 거문고를 잘 타서 붙은 별칭이다. 어머니의 예술적 재능을 물려받은 것으로 보이는데 특히 신사임당의 필법을 계승해 글씨를 잘 썼다고 한다. 그의 글씨는 선조 임금이 무척 아끼며 완상했다고 하며 특히 초서의 대가로 알려졌다. 율곡은 해주 석담石潭에 기거하던 시절에 틈이 나면 술상을 차려 아우에게 거문고를 타게 했다. 함께 시를 지어 즐기면서 그의 재능을 높이 평가했다.

어머니의 재능을 이어받은 또 한 사람은 맏딸 매창梅窓이다. 아우인 율곡도 이 누이에게 정책에 대한 자문을 구할 정도로 식견이 있었다. 그러나 어머니의 그늘에 묻힌 것인지 매창의 예술적 성취에 대해서는 크게 알려진 바가 없다. 매창은 임진왜란 때 아들과 함께 피난을 나갔다가 왜적의 칼을 피하지 못하고 희생되었다고 한다.

---

9) 신사임당, 〈대관령에 올라 친정을 바라보며[踰大關嶺望親庭]〉.
10) 지금의 서울 종로구 수송동 부근.
11) 자는 백헌. 1524년에 태어나서 1564년에 진사가 되었다. 1570년에 마흔일곱의 나이로 세상을 떠났다.

제2장

현명한 사람은 옳은 일을 한다

계월은 시골의 천한 부인네인데도 스스로를 지킴이
이처럼 탁월하니 열녀라 하겠다. 선비들은 책을 읽으면
반드시 하늘의 이치를 말하고, 왕왕 높고 깊은 경지에 이른 듯하다.
그러나 작은 이해가 걸리면 곧 계산하고
자신이 지키던 바를 잃고 만다.

-

조재도 趙載道, 〈열녀계월전〉

1
아버지를 위해 목숨을 걸다

효자 박씨는 이름이 문랑文娘이고, 성주星州 사람이다. 아비는 수하壽河인데, 세조世祖 때 정승인 박원형朴元亨의 후손이다. 그 중간에 집안이 한미해져 영남에 내려와 살았다. 전 현감인 박 아무개라는 자는 집안의 재물이 많은 사람으로 달성에 살며 부호로 이름이 났다. 수하와 산소 문제로 소송이 생겨 관아에 나아가게 되었다. 관찰사는 성주 수령으로 하여금 조사하여 보고하라고 하였다. 수하는 평소 성질이 괄괄하여, 관찰사와 박 아무개가 사적인 관계가 있는 것이라고 의심하였다. 그리하여 관찰사가 공평하지 못한 마음으로 소송을 처리하고 간사한 청탁을 받아들여 남의 묘지를 공탈한다고 크게 욕하였다. 관찰사가 듣고 매우 노하여 마침내 잡아다가 매질하여 죽였다.

아비가 죽고 나니 하나뿐인 아들은 아직 어리고, 딸은 둘이 있었으니 맏이가 문랑이다. 아비가 죽자 문랑은 밤낮으로 아비의 시신을 끌어안고 곡하며 먹지도 않아 장차 죽으려 하였다. 그러다 떨치고 일어나 말하기를 "내 아비를 죽인 자가 아직 살아 있고 아우는 아직 어리니 내가 죽으면 장차 아비의 원수를 갚는 일을 내 약한 아우에게 남겨놓는 것이 아닌가. 아우가 어리니 내가 죽으면 누가 원수를 죽이겠는가"라고 하였다. 그러고는 노비 10여 명을 불러 모아놓고 문랑이 울며 말하였다.

"오늘은 내가 죽는 날이다. 너희는 나를 따르겠는가?"

모두 울면서 그러겠다고 하였다.

이에 집안의 호미와 가래 등 농기구를 모두 모아서 노비들에게 주며 무기로 삼게 하였다. 문랑이 큰 도끼를 집어 들고 하늘을 우러러 한번 소리친 후 나서니, 노비들이 감히 뒤처지는 자 없이 모두 쫓았다. 산으로 달려 올라가 박현감 아비의 묘를 깎아냈다. 도구가 부러지니 손으로 파서 손가락이 다 떨어져나갔다. 그러고는 노비들이 달려들어 그 관을 쪼개고 불태워버렸다. 묘를 지키던 사람은 무섭고 떨려 감히 다투지 못하고 달려가 박현감에게 알렸다. 박현감은 즉시 노복들에게 연락하여 군대를 만들어 산을 에워싼 후에 문랑을 잡아 그 자리에서 죽였다.

이에 영남 사람들은 어떤 이는 박현감을 편들고 어떤 이는 문랑의 죽음을 슬퍼하였다. 박현감을 편드는 이는 말하기를 "문랑이 관에 알리지 않고 마음대로 남의 무덤을 파헤쳤으니 이는 마땅히 죽어야 한다"라고 하였다. 문랑을 편드는 사람은 말하기를 "문랑이 복수하기에 급한데 어찌 관을 알았겠는가? 마음대로 한 것이 죄라면 문랑도 죄지만, 마음대로 죽인 박현감 또한 죽어야 한다"라고 하였다.

이 일이 나라에 보고가 되어 해당 고을에 조사를 명하였다. 이때 성주목星州牧이 사건을 조사하였는데 박현감 편을 들었다. 문랑은 이미 죽고 그 여동생인 증랑曾娘이 떨쳐 일어나 말하였다.

"아버지는 원통하게 돌아가시고 언니는 아버지를 위해 죽었다. 나 혼자 살아서 무엇하리."

그러고는 서울로 올라가 등문고를 쳤다. 머리를 풀어헤쳐 얼굴을 가리고 아버지와 언니의 원통한 사정을 이야기하니 말이 매우 비장하였다. 일을 다시 조사하게 되어 안핵사按覈使[1]를 내려보냈다.

아직 일이 끝나지 않았을 때 남동생이 열두어 살 정도 되었을 무렵이다. 그때 아비의 사건을 조사하던 성주목은 가고 새로 태수가 와서 관에 도착하였다. 아이는 성주목이 자기 동네를 지난다는 말을 듣고 작은 칼을 예리하게 갈고, 숲에 엎드려 태수가 지나가기를 기다렸다. 그러고는 칼을 꺼내 말 위를 향해 던지니 태수의 가죽신이 뚫렸다. 태수는 깜짝 놀라 아이를 잡아다가 무슨 까닭인지 물었다. 아이는 발끈 욕을 하며, "당신이 조사를 공평치 못하게 해서 내 아비의 원통함을 풀지 못하였으니 이는 내 아비를 죽인 것과 같소. 나는 원수를 갚으려던 것뿐이오”라고 하였다. 이에 태수는 매우 놀라워하며 아이의 머리를 쓰다듬으며 말하였다.

"너의 원수는 전임자이고 난 네 원수가 아니란다."

그러고는 탄식하며 떠나갔다.

남유용南有容이 쓴 〈효자박씨전孝子朴氏傳〉이다. 이 사건은 《숙종실록肅宗實錄》과 《승정원일기承政院日記》에도 기록되어 있는 소송사건이다. 전국적으로 비상한 관심을 보이고 삼남과 경기의 유생 7,000명이 상소해 효녀 정문을 세워줄 것을 청해 영조英祖 때 정문을 세우기도 했다. 이 작품은 조선후기에 드러나는 여러 문제를 환기하고 있다. 묘지를 둘러싼 싸움이 급기야는 죽음을 불러오고 그 죽음은 복수와 또 다른 죽음을 불러오게 된 것이다. 게다가 권력의 힘을 빌린 양반이 함부로 사람을 죽이는 문제까지 거론하고 있다.

그 권력의 부당함에 항거하듯이 집안의 종들을 이끌고 산으로 올라가는 큰딸의 모습은 마치 잔다르크의 영웅 행위를 보는 듯하다. 집안의 농기구를 하나씩 들고 주인아씨를 따라 산으로 올라가는 종들은 또 얼마나 충직한가. 여동생은 서울로 올라가 신문고를 울리며 하소연하고 남동생은 새로 부임하는 성주목을 앞서 조사를 맡았던 인물인 줄 알고 칼을 던져 죽이려 했다.

죽은 사람의 묏자리가 자손들의 앞길에 영향을 미친다는 풍수사상으로 인해 죽고 죽이는 산송山訟은 조선후기에 빈번하게 일어난 사건이었다. 정약용丁若鏞도 《목민심서牧民心書》에서 묘지에 관한 소송이 나쁜 풍속이 되었다면서 "싸우고 구타하는 살상 사건의 절반이 이로 인해 일어난다. 남의 분묘를 파내는 변을 스스로 효라고 생각하니 송사의 판결을 명확하게 하지 않으면 안 된다"라고 지적했다.

여러 문인들이 서사 한시와 전을 통해 관심을 표명한 이 이야기는 뒤에 소설로도 나와 인기를 모았다. 1934년에 나온 고소설 〈박효랑전朴孝娘傳〉이 그것이다. 사건의 과정 및 상소문 등을 첨부해 사건 전말을 기록한 《박효랑실기朴孝娘實記》도 남아 있다. 그 기록에 의하면 이 사건은 권력의 편에 줄을 대고 있는 박현감이 조부의 묘를 박수하朴壽河의 선산에 이장하면서 일어났다. 청안靑安 현감을 지낸 그는 박경여朴慶餘라는 인물로 후에 경상 감사로 부임하게 되는 이의현李宜顯과 인척이었다.

성주목과 경상감영에 박경여를 고발한 박수하는 억울하게도 패소 판결을 받았다. 상대가 권력자들과 인척 관계를 맺고 있어 공정하지 못한 판결을 내린 것이라고 생각한 그는 서울에 올라가 격쟁원정擊錚原情을 했다. 원정을 살펴본 왕이 경상 감사에게 재조사를 명하고 경상 감사는 조사관을 임명해 재조사하라고 했으나 그 조사관이 시일만 끌면서 1년 넘도록 조사하지 않았다.

그러는 사이 박경여는 조부의 묘소 주위를 정비해 묘비를 세우려고 했다. 이 사실을 안 박수하는, 박경여가 자신의 선산을 완전히 빼앗으려 한다며 선산의 나무를 벤 박경여의 종을 잡아다 볼기를 쳤다. 박경여는 선조 묘소에 석물을 세우는 것을 박수하가 방해한다면서 감영에 고발했다. 조사를 받으면서 박수하는 당시 감사인 이의현과 박경여가 인척 사이니 사건이 공정하게 판결될지 의문이라고 말했는데, 이 말을 전해 듣고 격분한 이의현이 성주로 달려가 직접 형문刑問하고 하옥시켰다. 박수하가 하옥된 지 7일 만에 옥중에서 사망하면서 딸들에게 아비의 원수를 갚는 일이 남겨졌다.

이렇듯 조상의 묏자리에 따라 자손의 미래가 좌지우지된다는 믿음으로 인해 집안 사이에 싸움이 일어나고 원수가 되는 일이 조선시대에는 비일비재했다. 서로 무장한 채 충돌하므로 살상이 따르게 되고 고소·고발이 이어졌던 것이다. 유교 이념으로 뭉친 조선시대이니 효를 내세우지만 실상은 자손들이 잘되기를 바라고 집안이 흥하기를 비는 일종의 기복신앙에 가깝다.

온 집안이 동원되는 싸움에 마치 딸들이 앞장서서 주관하는 것처럼 보이게 하는 것은 여론 환기에는 아주 효과적이었다. 영남을 비롯한 전국의 유림들이 통문을 돌려 자매의 효행을 높이 칭송하며 정려를 받을 수 있도록 노력할 것을 촉구했다. 몇 차례의 상소 끝에 정려를 받았으나 이미 한 가정은 산산조각이 난 후였다.

---

1) 조선후기에 지방에서 발생하는 민란을 수습하기 위해 파견하던 임시 벼슬.

2
미천한 다모가
고귀한 양반의 부조리를 밝혀내다

김조이[召史]²는 한성부의 다모다. 조선 순조純祖 때인 1832년 경
기·충청·황해 3도에 큰 가뭄이 들어 한성부에서는 백성들이
술 빚는 것을 금지하였다. 이 법을 어긴 자에게는 죄에 따라 유
배를 보내거나 벌금형에 처하였으며, 술 빚는 자를 고의로 숨
겨주는 관리도 용서하지 않았다. 관리들은 술 빚는 사람을 빨
리 잡아들이지 않았다가 자신들에게 죄가 미칠까 두려워서 백
성들에게 몰래 술 빚는 자를 고발하게 하였다. 고발한 사람에
게는 포상금의 10분의 2를 나누어주었으므로 고발자가 많아
져서 술 빚는 자들을 귀신같이 잡아들였다.

어느 날 한성부 소속 아전과 관원들이 남산 아래 어느 거리
에 이르러 후미진 곳에 몸을 숨기고 다모를 불렀다. 다리 끝 쪽

몇 번째 집을 가리키며 말하였다.

"저 집은 양반집이라 우리가 곧장 들어갈 수 없네. 자네가 먼저 들어가 안채를 수색해보고, 술 빚는 범인을 잡았다고 크게 외치면 우리가 뒤따라 들어가겠네."

다모는 그 말에 따라 발꿈치를 들고 안채의 아랫목으로 살금살금 들어가 수색을 하였다. 과연 서너 되쯤 되는 단지에 고급술이 막 익어가고 있었다. 다모가 술 단지를 안고 나오자 주인 할멈이 그 모습을 보고 깜짝 놀랐다. 그러더니 할멈은 눈에 초점을 잃고 입에 거품을 물고는 사지가 마비된 채 새파랗게 질린 얼굴로 기절해버렸다. 이에 다모는 술 단지를 놓은 뒤 할멈을 부둥켜안고 재빨리 따뜻한 물로 조금씩 입을 적셔주었다. 조금 뒤 할멈이 정신을 차리니 다모가 책망하며 말하였다.

"조정의 명이 지엄한데, 어찌 양반의 신분으로 법을 어긴단 말이오?"

할멈이 겨우 말하였다.

"우리 집 영감이 평소에 지병을 앓고 있다네. 영감이 좋아하는 술을 마시지 못하게 되자 그 후로는 음식조차 삼키지 못해 병이 더욱 고질이 되었네. 가을부터 겨울을 나도록 끼니조차 자주 거르게 되었다네. 마침 며칠 전에 곡식 몇 되를 구해 영감의 병 조리나 하려고 가만히 몰래 술을 빚었다네. 이렇게 잡힐 것을 생각이나 하였겠는가? 부디 보살 같은 마음으로 내 처지를 살피어 제발 사정 좀 봐주게. 내 죽어도 그 은혜를 잊지 않으리."

다모는 할멈의 처지가 딱하여 술 단지를 들어 아궁이에 쏟아 버렸다. 그리고 사발을 가지고 문 밖으로 나왔다.

관원이 잡았는지를 묻자, 다모는 웃으며 말하였다.

"범인은커녕 시체가 나올 것 같네요."

그러고는 곧장 콩죽 파는 가게에 가서 죽 한 사발을 산 뒤 할 멈에게 주었다.

"할멈이 끼니조차 잇지 못하기에 드리는 겁니다. 그런데 몰 래 술 빚는 것을 누가 알고 있었나요?"

"쌀도 내가 직접 찧고, 누룩도 내가 띄웠지. 집에서 내가 지켜 가며 술을 빚었다네. 남들은 아무도 모를 텐데……."

"그럼 혹시 누구에게 팔았나요?"

할멈은 말하였다.

"나는 오로지 영감의 병 조리를 위해 술을 빚었을 뿐이네. 항 아리도 겨우 몇 잔 들어갈 조그만 것인데 남에게 팔았다면 뭐 로 영감을 주겠는가? 하늘에 맹세코 그런 일은 없네."

다모는 말하였다.

"그렇다면 누가 맛본 적은 있나요?"

할멈이 말하기를, "젊은 생원인 시동생이 어제 성묘를 가면 서 잠시 들렀기에 그 집도 가난하여 아침도 못 먹고 왔으니 내 가 한 잔 권하였네. 그 밖엔 아무도 다른 사람은 먹은 적이 없 다네"라고 하였다.

다모가 묻기를 "젊은 생원과 영감님은 동복의 형제간인가요?" 하니, 할멈은 그렇다고 하였다. 다모는 시동생의 나이가 얼마인지 모습은 어떤지 살이 쪘는지 키가 얼마나 되는지 수염이 어느 정도인지 자세히 물었다. 할멈의 대답을 듣고 밖으로 나왔다. 관원에게 말하기를 "이 집에는 술이 없었습니다. 노파가 나를 보자 기절하여 쓰러졌으므로 내가 사람을 죽일까 겁이 나서 깨어나기를 기다렸다가 오느라 늦었답니다"라고 하였다.

관원을 따라 한성부로 가는데, 젊은 생원이 뒷짐을 지고 종각 앞 네거리에서 머뭇거리며 관원들이 오기를 기다리고 있었다. 얼굴 모습이 할멈이 말해준 것과 똑같았다. 다모는 손을 들어 그의 뺨을 때리며 욕을 하였다.

"잘난 양반이로구나. 양반이란 자가 형수가 몰래 술을 빚었다고 고발하여 그 포상금이나 노리다니!"

그 소리에 놀란 거리의 사람들이 그들을 에워싸고 구경을 하자, 관원들은 화가 나서 다모에게 말하였다.

"너는 어째서 할멈의 사주를 받아 우리를 속이고 오히려 고발한 사람을 욕보이느냐?"

다모의 머리채를 잡아끌고 주부主簿[3] 앞에 데리고 가 고하였다. 주부가 다모를 힐문하니 다모가 사실대로 아뢰었다. 주부가 겉으로는 화가 난 척하며 말하였다.

"너는 술 빚은 자를 숨겨주었으니 용서할 수 없다. 매 스무 대를 친다."

그러고는 업무가 파한 후 다모를 몰래 불러 돈 열 꿰미를 주며 말하였다.

"네가 숨겨주었는데 내가 용서하면 법이 서지 않아서 매를 쳤노라. 그러나 너는 의인이다. 기특하게 여겨 상으로 주는 것이다."

다모는 돈을 가지고 밤에 남산 아래 양반의 집으로 가서 할멈에게 주며 말하였다.

"내가 관원을 속였으니 매를 맞는 건 당연하지요. 그러나 할멈이 술을 빚지 않았다면 상금이 어디서 났겠습니까? 그러니까 이 상은 할멈에게 가야지요. 할멈이 이처럼 춥게 지내시니 이 열 꿰미를 가지고 반은 땔감을 사고 반은 쌀을 사서 겨울 추위와 배고픔을 면하기 바랍니다. 다시는 술을 빚지 마시고요."

할멈은 부끄럽기도 하고 기쁘기도 하여 말하였다.

"자네 덕분에 벌금형을 면하였는데, 내가 무슨 낯으로 그 돈을 받겠는가."

그러면서 한사코 사양하였다. 그러자 다모는 할멈 앞에 돈을 놓아두고 뒤도 돌아보지 않고 가버렸다.

송지양宋持養이 쓴 〈다모전茶母傳〉이다. 이 이야기의 주인공 다모는 천한 직업의 여성이다. 다모란 원래 관청에서 차 끓이는 일을 하던 노비를 말한다. 포도청에 소속되어 일하는 다모도 있는데, 이는 주로 여자 죄인의 몸을 수색할 때 필요한 인물이다.

신분제 사회에서 양반이 죄를 짓고 천한 다모가 양반을 위해 죄를 숨겨줄 뿐 아니라 상금으로 받은 돈을 양반에게 희사하는 내용은 신분제의 기반이 무의미하다는 것을 보여준다. 더군다나 상금에 눈이 멀어 형수를 고발하는 시동생에 이르면 윤리가 돈 앞에 무너지는 세태를 보게 된다.

요즘에야 쌀이 남아돈다고 야단이지만 1970년대 이전까지만 해도 쌀로 막걸리를 빚는 것을 금지했다. 1977년에 처음으로 쌀을 자급자족하게 되자 그간 금지해왔던 쌀막걸리를 허용했다. 쌀막걸리가 처음 출시되던 날, 많은 사람들이 쌀막걸리로 축배를 들면서 기뻐하던 모습이 뉴스 첫 화면을 떠들썩하게 장식했다.

이 다모 이야기는 쌀로 술 빚는 것을 금지했던 조선후기 순조 때의 상황을 보여준다. 죄에 따라 유배형에 처하기도 하는 등 엄격하게 죄를 물었고, 고의로 숨겨주는 관리도 처벌했다. 이럴 때에 쓰는 방법이 그때나 지금이나 파파라치를 동원하는 것인데, 그 파파라치가 바로 시동생이라는 데 문제가 있다. 자기 형의 지병 때문에 형수가 술을 담근 것을 관에 고발해 현상금을 타려 한 자가 바로 유교를 숭상하는 나라의 양반이었다. 그것을 사적인 방법으로라도 처벌한 사람이 그 사회에서 가장 낮은 천민의 신분인 다모였다.

그녀는 자신이 죄인을 숨겨준 것이 발각되어 매를 맞게 되리라는 것을 알면서도 많은 사람이 쳐다보는 가운데 그 시동생의 뺨을 때리며 욕을 했다. 많은 구경꾼들이 다모와 같은 생각이었을 것이나 법을 집행하는 관원들은 다모의 머리채를 움켜쥐고 끌고 갔다. 판결을 내려야 하는 관리도 난감했을 것이다. 조선이라는 나라를 지탱해왔다고 믿어왔던 유교 윤리가 양반층에서는 무너지고 하층민이 오히려 지켜내고 있다. 양반은 이利를 좇고 다모는 의義를 지켰다. 주부는 자신이 시동생과 같은 양반이라는 사실이 부끄러웠던지 따로 매 맞은 다모를 불러 의인이라며 칭찬하고 상을 주었다.

다모는 매를 스무 대나 맞고서도 자신이 관원을 속였으니 매를 맞는 것은 당연하다며, 상으로 받은 돈을 할멈에게 갖다주었다. 열 꿰미면 자신에게도 적지 않은 돈이었을 테지만 다모는 할멈이 추위와 배고픔을 겪고 있는 것을 보았으니 마음이 편치 않았다. 할멈이 술을 빚지 않았다면 이 상금은 생기지 않았을 것이라 생각해 할멈에게 다 건네주고 뒤도 돌아보지 않은 채 가버렸다. 이렇게 재물이란 것은 본디 자신의 것이 아니라고 생각해야 욕심을 내지 않는 법이다.

할멈은 한편으로는 부끄럽고 한편으로는 기뻐했다. 양반으로서 법을 어기고 다모의 도움으로 벌금형을 면한데다가 다모가 주는 돈까지 받는다는 사실이 양반의 체면을 생각하면 한없이 부끄러운 일이다. 그러나 병든 남편과 함께 끼니조차 자주 거르는 형편에 갑자기 생긴 돈으로 땔감과 쌀을 살 수 있다는 사실은 가뭄에 단비처럼 반가운 일이다.

지배층인 양반이 하층민에게 베풀고 나누는 것은 당연한 것처럼 여긴다. 그러나 이렇게 시혜를 베풀고 받는 사람이 뒤바뀐 경우, 양반사회의 균열은 시작되는 것이다. 가장 낮은 자리에 처한 다모를 통해 그 균열을 들여다볼 수 있게 되었다.

---

2) 이두로 '조시' 또는 '조이'라 읽는다. 일반적으로 양인의 아내나 과부를 일컫는 말이라고 알려져 있으나, 여자의 이름으로 많이 쓰던 고유명사라는 견해도 있다.
3) 종6품의 벼슬아치. 한성부를 비롯한 관청에서 일을 맡아본다.

3
남성의 부당한 횡포에 대한 항거

이군자李君子가 결성結城⁴ 탱석촌에서 하루 묵어가게 되었다. 밤이 깊어 갑자기 주인 노파가 크게 탄식하는 소리를 듣고 무슨 일로 그리 슬퍼하는지 물었다. 노파는 한참 동안 울음을 삼키고 말하였다.

"저는 결성의 이천안공李天安公의 노비였습니다. 아들이 넷 있었는데 나이 오십에 딸을 하나 낳아 이름을 계월이라 하였지요. 용모가 아름답고 지극히 효성스러웠습니다. 딸은 저희 부부를 지성으로 섬기며 말에 거역함이 없었답니다. 딸은 이천안공 집에서 일하였는데 그 부인을 매우 부지런히 모셔서 부인이 딸처럼 사랑하여 언문도 가르치셨습니다. 길쌈이며 베틀질, 마름질을 모두 잘하였고 어쩌다 과일이나 생선, 곡식이 생기면 반드시 부인에게 올리고 그 나머지만 보내왔습니다. 저희 부부는 한 번도 물건을 사사로이 한 적이 없었습니다.

딸이 보령현의 농부에게 시집가서는 지아비를 예로 대하고 버릇없는 행동을 하지 않았답니다. 그러다가 이천안공이 협박해 제 딸을 취하려는 것을 딸이 따르지 않았습니다. 이천안공은 상사병이 나고 말았습니다. 제 딸이 무릎을 끓고 아뢰었지요.

'저는 여자가 두 남편을 섬기지 않는다는 말을 들었습니다. 제가 비록 천한 몸이오나 남편이 있습니다. 남편이 있으면서 절개를 지키지 않으면 개·돼지와 같습니다. 죽어도 그리할 수는 없습니다. 제가 불행히도 일찍 시집을 가버려 시집가기 전과 같이 나리를 섬기지 못합니다. 나리의 천금 같은 몸을 저 때문에 먹지도 못하고 잠도 편히 못 주무시게 하였으니 그 죄는 만 번 죽어 마땅합니다. 속히 죽여주시옵소서.'

천안공이 더욱 노하여 저와 네 아들을 죄를 엮어 잡아들여 마당에서 매를 쳤습니다. 저와 아들들은 딸에게 욕을 해댔습니다.

'우리 모자가 언제 죽을지 모르는 건 너 때문이다. 네가 그까짓 절개를 지키느라 어미와 오라비를 죽게 만드니 효녀라 할 수 있겠느냐.'

딸은 울며 말하였습니다.

'의에는 가볍고 무거운 것이 있고 일에는 크고 작은 것이 있습니다. 그렇지 않으면 왜 늙은 어머니를 이 지경으로 만들겠

습니까.'

그러고는 오열하니 저도 울고 옆에서 보던 사람들도 모두 감동하여 탄식하였습니다. 몇 사람은 눈물을 흘리며, '진짜 열녀다'라고 하였습니다.

여름에 식구들이 밭에서 김을 매고 계월이 혼자 집에 있었는데, 이날 문을 닫고 대들보에 목을 매었답니다. 옷에 두 통의 편지를 지니고 있었으니 하나는 제게 보낸 것이었답니다.

'딸 계월이 어머니께 올립니다. 딸이 못나서 어머니를 주인 나리께 매 맞게 하고 허물을 얻게 하니 불효입니다. 나리가 저로 인해 병이 나고 마님이 자기 딸처럼 사랑해주고도 보답을 받지 못하시니 이는 불충입니다. 남편을 섬기면서 가정의 즐거움을 이루지 못하니 이는 불순不順입니다. 주인 나리의 명을 좇아 충을 하고자 하면 남편을 섬기는 도리에 어긋나고, 남편에게 한마음으로 하고자 하면 위로는 주인 나리의 명을 거역하는 것이고 아래로는 어머니를 상하게 합니다. 저는 지금 한 번 죽어 마음을 편안하게 하렵니다.'

다른 하나는 지아비에게 보낸 것입니다.

'제가 못나서 서방님을 오래 모시지 못합니다. 불행히도 주인 나리에게 핍박받아 목숨을 끊어 마음을 편히 하고자 합니다. 원컨대 당신은 나를 생각지 마시고 좋은 사람을 얻어서 길이 100년의 즐거움을 누리십시오.'"

노파는 손으로 방안의 작은 대들보를 가리키며 말하였다.

"여기가 계월이 죽은 곳입니다."

또 울면서 말하였다.

"공은 사대부입니다. 첩이 이 말을 하는 것은 장차 세상 사람들이 욕심을 좇아 남을 협박하고 사람의 절개를 상하게 하는 것을 경계하고자 함입니다."

이군이 나에게 이와 같이 이야기해주었다. 계월은 시골의 천한 부인네인데도 스스로를 지킴이 이처럼 탁월하니 영녀令女[5]와 두씨竇氏[6]와 같은 열녀라 하겠다. 선비들은 책을 읽으면 반드시 하늘의 이치를 말하고, 왕왕 높고 깊은 경지에 이른 듯하다. 그러나 작은 이해가 걸리면 곧 계산하고 자신이 지키던 바를 잃고 만다.

계월이 무슨 책을 읽었겠는가. 충효예절을 누가 가르쳤겠는가. 그러니 이른바 본성이 충의로운 자가 아니겠는가. 그가 죽기 전에 쓴 두 통의 편지를 읽어보고 의를 택함이 매우 바르고 가만히 중용을 얻었음을 탄복하였다. 이에 〈열녀계월전〉을 쓴다.

조재도가 쓴 〈열녀계월전〉이다. 조재도는 어린 나이에 문장에 능하고 경전에 통달했다는 평을 받았다. 1747년 사마시에 합격했으나 몸이 약해 스물다섯에 죽었다. 시문집으로 《인암유고忍庵遺稿》가 남아 있으며, 그 가운데 금강산에 다녀온 기록과 과거제도를 혁파해야 한다는 주장 등이 실려 있다.

이 글은 양반의 부도덕을 드러내는 내용을 겸하고 있으므로 양반 계층의 자기반성 없이는 쉽사리 쓸 수 없는 글이다. 그러므로 조재도 이군에게 들었다며 남에게 들은 이야기임을 강조하고 있다. 서술방식은 계월의 어머니인 노파가 직접 말하는 형식을 취했다.

노파는 아들 넷을 낳고 늦은 나이에 딸을 낳아 무척이나 사랑스러웠을 것이다. 그러나 노비라는 신분에는 그런 행복을 누릴 자유가 보장되지 않았다. 딸이 주인의 말을 듣지 않는다고 그 어머니와 오빠들을 잡아다 매를 치니, 어머니와 오빠들은 그까짓 절개 때문에 가족을 죽게 만든다고 아우성을 쳤다. 자신들을 핍박하고 부당한 요구를 하는 주인에게 항의하지 못하고 힘없는 딸 또는 동생에게 욕을 퍼부었던 것이다. 어머니는 자신이 딸을 죽게 만든 것이나 다름없기에 더 후회스러워 눈물을 흘렸다.

보통 열녀라 함은 남편이 죽은 후 남편에 대한 절개를 지키느라 수절하거나 남편을 따라가는 여자를 가리키는 말인데, 계월의 경우는 살아 있는 남편에 대한 절개를 지키기 위해 죽음을 선택했던 특이한 열녀. 조선시대이니 열녀라는 말로 포장했지만 이것은 지위를 이용해 여성의 성을 사유화하는 남성의 횡포에 대한 항거였던 것이다.

자신은 이제 결혼한 몸이니 결혼 전과 같이 주인을 모시지는 못한다며 결혼한 여자가 다른 남자와 관계하는 것은 개·돼지와 다름없는 일이라고 하소연하지만 주인의 욕망을 꺾지는 못했다. 결국 계월은 인간이 되고 싶어서 죽음을 선택했다.

남편은 보령의 농부라는 것 이외에 별다른 언급이 없지만 결혼한 여성으로서 자기 가정에 충실하려 한 계월의 소박한 꿈을 엿볼 수 있다. 하층여성의 성을 자기 마음대로 할 수 있다고 생각하는 양반들에게 저항하는 방법이 죽음밖에 없었다는 것은 너무 처절하다.

주인마님이 딸처럼 사랑해 한글도 가르쳐주었는데 그렇게 배운 한글로 죽기 전에 두 통의 편지를 써놓고 죽었다는 사실도 의미심장하다. 직접적으로 주인인 이천안공을 비난하지는 않았지만 주인에게 핍박받아 죽음에 이르게 된 것임을 밝혔던 것이다.

그 편지는 작자인 조재도도 읽고 탄복할 만큼 의롭고도 중용을 얻었다. 여러 선비들이 입만 열면 도리를 말하고 학문으로 충효와 예절의 깊은 뜻을 배우지만 계월은 배우지 않고도 타고난 본성으로 충과 의에 대해 알고 있었다.

조선시대 인구의 3분의 1 이상이 노비였다고 한다. 중종中宗 때 왕실 종친인 이팽령李彭齡이 노비의 딸을 강간했다가 처벌을 받기도 했다. 혹자는 이런 처벌 사례를 들어 양반이라고 그렇게 쉽게 노비를 건드렸던 것은 아니라고 말하기도 한다. 일이 드러나고 문제가 되면 처벌을 받게 되지만 대다수의 노비들은 아무 말도 하지 못하고 당하기 일쑤였다. 홍길동도 노비였던 어미가 주인 방을 치우러 들어갔다가 주인에게 당해 태어난 인생이 아니던가.

이육李陸의 《청파극담靑坡劇談》에는 밤마다 부인 몰래 계집종을 찾아가는 어느 재상의 이야기가 실려 있다. 하루는 부인이 자는 척하고 있다가 남편의 뒤를 밟아 대화를 엿들었다. 계집종이 "절편 같은 부인은 어디 두고 왜 누추한 나를 찾습니까"라고 하니 재상이 "나는 너를 갓김치로 여긴다"라고 했다. 그래서 당시에는 '갓김치종'이라는 말도 유행했다고 한다. 양반들은 이것을 웃기는 이야기라고 《골계담滑稽談》에 기록해놓았지만 힘없는 종의 처지를 생각해보면 웃을 수만은 없는 이야기다.

부인들에게는 질투하는 것을 막기 위해 투기는 칠거지악이라 해서 아내를 내칠 수 있도록 만들어놓고 마음껏 축첩제도를 즐겼던 것이 조선의 남자들이다. 그래놓고도 첩도 아닌 계집종의 성까지도 주인 마음대로 할 수 있다고 생각한 나머지 "종년 간통은 누운 소 타기"라는 속담도 생겨났다.

계월의 경우처럼 결혼해서 남편이 있어도 주인이 자기 뜻을 따르라고 불러들이고 말을 듣지 않는다고 어미와 오빠들에게 매를 때릴 수 있음을 보여주는 것만으로 이 작품의 의의는 충분하다. 친정부모와 오빠는 물론 남편도 아내를 지킬 힘이 없었다. 노비는 주인의 재산이고 남편보다도 주인의 지배력이 우세했기 때문이다.

---

4) 충청남도 홍성군 결성면.
5) 중국 위魏나라 조문숙曹文叔의 아내로, 식구들이 개가를 권하자 귀와 코를 잘랐다.
6) 당나라 봉천 사람인 두씨 자매. 도둑들에게 붙잡혔으나 욕을 당하지 않기 위해 언덕 아래로 떨어져 자결했다.

4
마지막 순간까지 지키려 했던
명예와 정의

최씨와 홍씨는 삼가현三嘉縣7의 무인 홍씨의 아내이고 딸이었
다. 무인이 누군가에게 살인을 당하였다. 둘은 복수를 다짐하
며 서로 말하였다.

"사람이 금수와 다른 것은 절節과 효가 있기 때문이다. 아내
로서 남편의 원수를 갚는 것은 절이요, 자식이 아비의 원수를
갚는 것은 효다. 지금 남편이 불행히 남에게 해를 입었는데, 우
리가 살기를 탐하여 원수를 갚지 않으면, 장차 지하에서 어떻
게 남편을 보며, 또 어떻게 세상에 서겠는가?"

그리고 칼을 지니고 원수의 집을 몇 년 동안 엿보다가 마침
내 만나서 찔러 죽였다. 관아에 들어가 사실을 고하였다. 태수
는 이 사실을 조정에 보고하였고 조정에서는 의롭게 여기고 살

인죄를 용서하였다. 복호復戶[8]의 조치를 내려 세금을 감면하도록 하였다.

군자는 말한다. 두 여자의 일은 열이며 효이고 또한 용기 있는 것이니 비록 남자라도 미칠 수 없는 것이다.《시경詩經》에 나오는 "우리 님은 명을 받음에 변함이 없네[彼其之子 舍命不渝]"[9]라는 말은 이 두 사람을 말하는 것인가.

임윤지당의 〈최씨와 홍씨 두 모녀[崔洪二女]〉다. 두 모녀는 복수를 통해 효와 열을 구현했다. 남편이자 아버지인 무인이 살해당하자 몇 년 동안 복수할 기회를 엿보다가 죽이고 난 뒤 관가에 가서 자수했다. 몇 년이라는 그 긴 시간 동안 원수의 집을 살피며 엿보다가 포기하고 싶은 순간이 얼마나 많았을 것인가. 결과적으로 살인죄를 용서받았지만 복수를 준비하는 동안에는 자신들도 죽을 각오를 한 것이었다.

남편이 누구에 의해 무슨 일로 죽었는지에 관해서는 아무런 언급이 없다. 어떤 쟁송에 의해 억울하게 죽었는지, 혹은 남편이 죽을 만큼 크게 잘못했던 것인지는 이 사건에서 중요하지 않다. 다만 두 모녀가 복수하기로 마음먹는 과정을 그들의 입장에서 상세히 서술하고 있다. 먼저 사람이 짐승과 다른 점은 절과 효가 있기 때문이라 하고, 아내가 남편 원수를 갚는 일은 절이며, 자식이 아비 원수를 갚는 일은 효라고 했다.

당시에 자식이 아비의 원수를 갚거나 아비의 무죄를 규명하기 위해 노력하는 일이 전의 소재가 된 것은 상당히 많다. 그러나 아내가 남편의 원수를 갚기 위해 직접 나서는 일은 상대적으로 드물다. 그들은 그것을 절이라는 개념으로 규정지었다. 절은 남편을 여의고 수절하는 것을 말하는데, 단지 수절에 그치는 것이 아니라 더 적극적으로 남편을 죽인 원수를 찾아내 복수하는 것까지도 절이라고 했다. 만약 복수하지 않는다면 그것은 목숨을 잃을 것을 염려하기 때문이라면서 일에 착수했다. 유교는 가부장 질서를 근간으로 한 이념이므로 효를 인륜의 궁극으로 놓았다. 그러므로 효를 실천하지 않으면 세상에 설 수 없고, 효를 위해서는 살인행위도 정당화할 수 있었던 것이다.

원수를 찔러 죽이고 곧장 관아로 가서 자신들의 행위를 고했다. 할 일을 다했으므로 당당하게 죽음을 맞겠다는 의지의 표현이었다. 옳다고 믿는 일을 위해 망설임 없이 계획하고 실천했던 여성들이다.

---

7) 경상남도 합천군 삼가면.
8) 정려와 증직贈職의 다음가는 포상으로 충신·효자·절부가 나온 집의 호역을 면제해주는 제도.
9) 《시경》 〈정풍鄭風〉 〈고구羔裘〉장.

5
누명과 모욕에 맞서는 법

경술년(1790) 6월, 임금이 여러 옥안을 심리하여 김은애와 신여척申汝倜을 살려주라 명하였다. 인하여 전을 지어 《내각일력內閣日曆》에 신도록 명하였다.

은애는 김씨로 강진현 탑동리의 양갓집 딸이다. 같은 마을에 안씨 성을 가진 노파가 있었다. 노파는 옛날에 창기였던 사람으로 음흉하고 황당하여 말이 많았다. 옴이 몸 전체에 퍼져 가려움을 감당하지 못하였다. 가려움증이 번지면 더욱 말을 함부로 하였다. 일찍이 은애 어머니에게 쌀과 콩, 소금, 메주 등을 얻어먹었는데, 어쩌다가 주지 못할 때가 있으면 노파는 화가 나 보복을 하리라 생각하였다.

마을에 사는 아이 최정련崔正連은 노파의 시누이의 손자였다.

나이는 14, 15세로 어리고 예쁘게 생겼다. 노파는 남녀가 혼인하는 일로 그를 꾀어서 말하였다.

"은애 같은 애를 아내로 얻으면 어떻겠니?"

그러자 정련은 웃으며 말하였다.

"은애는 예쁘고 고우니 그런 행운이 어디 있겠어요?"

노파는 "네가 크게 소리쳐서 이미 은애와 사통하였다고 하면 내가 너를 위해 일이 되도록 해주겠다"라고 하니 정련은 좋다고 하였다. 노파는 그 대가로 자신의 피부약 값을 치러 달라고 하였고 정련은 그 말에 따르겠다고 하였다.

하루는 노파의 남편이 밖에서 들어오자 노파가 말하였다.

"은애가 정련이를 탐해서 나에게 중매를 부탁하였어요. 우리 집에서 만나기로 하였는데 정련 할미한테 들켜 은애가 담을 넘어 도망갔어요."

남편이 꾸짖으며 "정련은 가세가 한미하고 은애는 규중의 처자이니 그런 말을 입 밖에 내지 마오"라고 말하였다. 그러고 난 뒤 온 성안에 소문이 나서 은애는 결혼하기도 어렵게 되었다. 오직 마을 사람 김양준金養俊만이 그녀의 결백을 믿어서 결혼하였다. 그러고 나니 더욱 모함하는 말이 퍼져서 차마 들을 수 없는 지경이 되었다.

기유년(1789) 윤 5월 25일, 안 노파는 "애초에 은애가 정련과 중매하기로 하면서 내 약값을 대주기로 약속하였다. 은애가 갑자기 배반하여 다른 집에 시집가버리니 정련이 약속을 지키지 않는다. 그래서 내 병이 더욱 심해졌으니 은애가 나의 원수로다"라고 떠들어대었다. 마을 사람들은 서로 쳐다보며 놀라서 눈을 깜박이며 손을 내저을 뿐 아무 말도 하지 못하였다.

은애는 성격이 강직하였다. 노파에게 무고한 모욕을 당한 지 어느새 2년이 되어 이 지경에 이르자 더욱 부끄럽고 한스러워 견딜 수가 없었다. 반드시 자기 손으로 안 노파를 찔러 이 원통함을 씻고자 결심하였다. 다음 날 집안사람들이 없을 때 안 노파가 혼자 자는 것을 가만히 살펴보았다. 밤에 부엌칼을 들고 치마를 걷어 올린 채 재빨리 걸어 곧장 노파의 방으로 들어갔다. 등잔불은 희미한데 노파가 홀로 앉아 잠자리에 들기 위해 옷을 벗고 있었다. 은애는 칼을 빗겨 들고 나아가 눈을 치켜뜨면서 말하였다.

"어제 한 모함은 전날보다 더 심하더군. 내 너에게 마음먹은 대로 하리니 너는 이 칼을 받아라."

노파는 은애가 여리고 약한 심성이라 하지 못할 줄 알고 응대하였다.

"찌를 테면 찔러봐라."

그러자 은애는 "말할 필요 있나"라고 하면서 몸을 기울여 재빨리 왼쪽 목을 찔렀다. 노파가 그래도 살아서 칼을 쥔 손을 잡으니 은애는 급히 팔을 빼어 오른쪽 목을 찔렀다. 노파는 드디어 오른편으로 넘어졌다. 그러자 그 곁에 웅크려 앉아서 견갑골과 겨드랑이, 팔다리, 장딴지, 목, 젖을 찌르니 모두 왼쪽이었다. 마지막으로 오른쪽 등을 두세 번 찌르고 휘저으며 날아오르듯 한 번 찌를 때마다 한 번씩 꾸짖기를 열여덟 차례나 하였다. 칼의 피를 닦을 새도 없이 그 집을 나와 정련의 집으로 향하였다. 가서 나머지 분을 씻고자 하였으나 길은 멀고 그 어미가 울면서 만류하여 그냥 돌아왔다. 은애의 나이 열여덟 살이었다.

이장이 달려가 관에 고하였다. 현감 박재순朴載淳이 노파의 시신을 검시하고 은애를 심문하였다.

"할미를 찌른 이유가 뭐냐. 할미는 건장하고 너는 약한 여자애인데 지금 찌른 상처를 보니 흉하고 사나워 너 혼자 하였을 것 같지 않구나. 이실직고하라."

관리들이 사나운 모습으로 서 있고 형구는 땅에 가득하니 관련자들은 기가 죽어 얼굴이 파래졌다. 은애는 목에 칼을 차고 손과 발이 다 묶여 있었는데, 몸이 약하여 지탱하기가 힘들어 보였다. 그러나 얼굴엔 두려움이 없었고 말에는 슬픈 기가 없이 의연하게 대답하였다.

"아, 관은 우리의 부모라 하였으니 이 죄인의 말을 들어주십시오. 규중의 여자는 모함을 받으면 실제 더럽지 않아도 더럽혀집니다. 노파는 본시 창기로 감히 양가의 여자를 모함하였습니다. 고금 천하에 이런 일이 있을 수 있습니까? 이 죄인이 노파를 죽인 것이 어찌할 수 있는 일이었겠습니까? 제가 비록 어리석지만 사람을 죽이면 사형에 처한다는 것은 들어 알고 있습니다. 그러니 어제 노파를 죽였으니 오늘 죽으리라는 것도 잘 알고 있습니다. 그러나 노파는 이미 제가 죽였지만 사람을 모함한 죄는 관에서 다스리지 않았습니다. 오직 바라건대 정련을 관에서 죽여주시기 바랍니다. 또한 돌이켜 보면 저 홀로 모함을 받았는데 누가 있어 저를 도와 이런 흉사를 저질렀겠습니까?"

현감은 한참 동안 크게 탄식하였다. 노파를 찌를 때 입었던 옷을 가져다가 검사하니, 모시 적삼과 모시 치마가 모조리 붉은색이어서 원래 색을 구분해낼 수가 없었다. 두려우면서도 장하게 생각하였다. 비록 풀어주고는 싶었지만 법이 엄한지라 마음대로 하지 못하였다. 대강 옥사를 적어 관찰사에게 올렸다. 관찰사 윤행원尹行元도 추관을 시켜 다시 공범이 누구인지를 조사하게 하고 법을 시행하는 것을 늦추었다. 아홉 번이나 심문하였으나 그 말이 똑같았다. 정련의 경우는 나이가 어리고 할미에게 속은 것이므로 불문에 부쳤다.

이덕무李德懋의 〈은애전銀愛傳〉이다. 김은애라는 여자의 살인사건은 정조正祖 14년(1790)에 일어났다. 여자의 정절과 관련해 일어난 살인

사건이라 조정에서도 의견이 분분했다. 《정조실록正祖實錄》에도 이 사건에 대해 자세한 기록을 남기고 있다.

당시 좌의정이던 채제공蔡濟恭은 아무리 원한이 크더라도 관에 호소해 해결했어야 한다는 원칙론에 입각해 살인한 죄를 용서할 수는 없다는 견해를 피력했다. 그러나 정조는 김은애의 상황을 이해하고 기본적으로 정조를 지키는 여자의 몸으로 더러운 모욕을 당했을 때 이와 같이 원수를 갚는 일은 죄가 아니라고 생각했다. 심지어는 만약 사마천司馬遷이라면 이 일을 〈유협전遊俠傳〉에 기록해 남겼을 것이라고 했다. 유협이란 남을 위해 희생적으로 의를 실현한 사람을 일컫는 말인데 김은애를 그러한 인물로 파악했던 것이다. 그만큼 은애의 일을 감동적으로 받아들인 정조는 이덕무에게 이 〈은애전〉을 기록하라고 했다.

사건을 심리한 뒤에 전을 짓게 되었으므로 다른 전에 비해 사건의 경과가 매우 자세하게 그려져 있다. 노파를 살해할 당시의 기록도 잔혹하리만치 자세하게 묘사되어 있다. 정조시대에 유행하던, 세밀한 묘사가 특징인 소품체의 극치를 보여준다.

실록에서는 정조가 "사람으로서 윤리와 절개가 없는 자는 짐승과 다름없는데 이것이 풍속과 교화에 일조가 되지 않을 수 없을 것이다"라고 하면서 김은애의 행동이 다른 사람을 교화하는 데 보탬이 된다고 보았다. 그리고 나서 얼마 후에 다시 하교해, 김은애를 살려둔 것이 최정련의 목숨을 위태롭게 하면 곤란하니 공문을 띄워 김은애로 하여금 최정련에게 다시 복수하지 않는다는 다짐을 받도록 했다.

글의 뒷부분에 서술된 내용에 따르면, 이전에도 해서지방에서 비슷한 사건이 일어난 적이 있었다. 처녀가 사람을 죽였는데 감사가 용서해줄 것을 청하고 선왕이 허락해 석방되었다. 그러자 중매쟁이가 구름처럼 모여들어 앞다투어 비싼 값을 치렀는데 마침내는 선비의 아내가 되었다고 한다.

《승정원일기》를 보면 영조 때 황해도에서 일어난 김자근련金者斤連 사건도 이와 비슷하다. 김자근련에게 청혼했다가 거절당한 이웃이 김자근련을 겁간하려고 했으나 실패했다. 앙심을 품고 자신이 김자근련을 겁간했다는 거짓 소문을 내어 다른 곳에 시집갈 수 없게 만들었다. 이에 투신자살하려던 김자근련이 다른 이의 도움으로 살아나 밤중에 그 남자를 찾아가 살해했다. 이 사건은 조정 관료들의 갑론을박을 불러왔다. 단순한 살인이 아닌 조선사회의 유교 이념의 표상인 열과 절을 위한 살인이었기 때문이다.

결혼하지 않은 김자근련보다 김은애는 결혼을 하고서 원한을 갚았으니 더 어려운 일을 한 것이라는 게 정조의 생각이었다. 정조뿐 아니라 맨 처음 사건을 조사한 현감이나 관찰사 모두 은애에게 우호적이었다. 그들이 은애의 행위를 이토록 옳다고 여기는 까닭은 무엇일까. 자신이 죽을 것을 알면서도 결백을 증명하기 위해 원수를 갚는 결단력인가, 아니면 여자에게 정절이 이렇게 생명과 맞바꿀 만큼 중요한 것이라는 믿음을 널리 알린 공로인가.

6
죽음으로써
남편의 죄를 꾸짖다

하씨녀는 일찍 어머니를 여의고 어린 동생을 매우 사랑하였다.
아버지가 죽기 전에 딸을 불러 아들을 부탁하였다.

"네 아비는 이 아들 하나뿐이었다. 네가 잘 길러다오."

하씨는 울며 명을 받들고 남동생을 더욱 잘 보살폈다.

하씨 집은 재산이 많았고 그녀의 미모도 뛰어났다. 소문을 듣
고 아내로 삼으려는 자가 있었다. 결혼한 후에도 하씨는 동생
을 잘 보살피고 동생이 장성하면 친정의 재산을 모두 주려 하
였다. 이 때문에 남편은 불만을 품고 항상 처남을 몰래 해칠 생
각을 품었다.

어느 날 남편은 아내에게 처남과 절에 가서 책을 읽겠다며
짐을 꾸려달라고 하였다. 하씨는 내키지 않아서 "당신은 집에

있어도 아무 근심이 없는데 왜 가시려고 합니까?"라고 말렸다.
그러나 자꾸 가겠다고 하여 할 수 없이 따랐다. 갔다 온 후 다른
날 또 가겠다고 하여 말렸으나 고집을 부려 할 수 없이 따랐다.
한참 뒤에 남편 혼자 돌아왔다. 하씨가 동생에 대해 묻자 남편
은 처남이 놀러나가더니 돌아오지 않더라고 하였다. 하씨가 사
람을 시켜 절에 가 찾으니 찾을 수 없었다. 다시 대대적인 수색
을 펴서 찾으니 동생의 시체가 절 연못에서 나왔는데 시신에는
돌이 매달려 있었다. 승려에게 물어 남편이 죽였다는 것을 알
게 되었다. 하늘을 우러러 크게 통곡하며 말하였다.

"내게 아우가 하나 있는데, 아버지가 돌아가시며 내게 맡겼
습니다. 지금 동생의 죽음을 나는 정말 참을 수가 없습니다."

그날로 소복을 하고 고을 현에 달려가 청사 뜰에서 자결하였
다. 이에 그녀의 남편은 죄가 발각되어 옥에 갇혔다가 죽었다.

임경주가 쓴 〈하씨녀전何氏女傳〉이다. 서두에서 하씨녀와 동생의 각
별할 수밖에 없는 관계를 설명했다. 그녀는 일찍 어머니를 여의고
어린 동생을 매우 사랑했다. 하씨녀가 동생에게는 어머니 역할을 대
신했음을 암시한다. 아버지도 딸에게 아들을 부탁하고 세상을 떠났

다. 그 후 결혼하게 되었는데 하씨 집에 재물이 많고 또 하씨가 아름답다는 소문을 듣고 아내로 삼고자 한 자가 있었다고 했다. 남편이 재물 욕심으로 결혼했음을 은근히 드러내고 있다. 하씨는 동생이 장성하면 친정에서 가져온 재물을 동생에게 주고자 했고 그것 때문에 남편과의 갈등이 시작되었다.

조선시대 전기에는 재산 상속에 남녀의 차별이 없었다. 여자가 친정에서 가져온 재산은 장부상 그 몫을 달리했으며, 처분권은 전적으로 여자에게 있었다. 동생이 장성한 뒤 동생에게 재산을 돌리는 것은 하씨로서는 당연한 처사였다. 재산에 욕심을 내어 처남을 해칠 생각을 한 남편은 처남을 절에 데려가 공부를 시키겠다고 했다. 그러고는 돌을 매달아 절 연못에 빠트려 죽였다.

이런 사건이 그대로 노출되었을 경우 세상의 모든 비난과 탄식은 남편의 반윤리적인 살인 행위에 집중되었을 것이다. 그러나 조선의 여성이었기에 여자가 남편을 따라야 한다는 '여필종부女必從夫'라는 부부의 도 때문에 어쩌면 하씨가 남편을 죽게 만든 것으로 비난을 받을 여지도 있었다. 이런 사건은 효와 부부의 윤리가 충돌한 사건인데, 하씨녀는 효를 선택했고, 작가인 임경주는 그 둘이 공존할 수 있는 방법을 모색했다.

작가는 이 글에 덧붙인 평에서 관아에 나가 자결하지 말고 남편에게 그의 잘못을 말하고 그 앞에서 죽었더라면 부부의 윤리도 지킬 수 있었을 것이라고 아쉬워하고 있다. 그러나 처남의 재산을 탐내어 사전 답사까지 한 후 계획적으로 살인한 남편의 인간성으로 보아 자신이 보는 앞에서 아내가 자결한다고 죄를 뉘우치고 관아에 가서 자수했을 것 같지는 않다.

〈하씨녀전〉과 유사한 이야기가 조선시대에 또 있었다. 명종明宗의 사촌형 경양군景陽君이 처가의 재산을 탈취하려고 처남을 살해했다가 사형을 당했다. 그 사건은 왕의 구명 부탁이 있었음에도 송강 정철鄭澈이 엄정하게 처리해 신망을 얻었다. 그런 관리를 만나지 못하면 이렇게 하씨처럼 자신의 목숨을 내놓고서라도 옳은 판결을 해달라고 외쳐야 하는 시대였다.

7
재주 하나로
굶주리는 수천 명을 구하다

만덕의 성은 김씨이니, 제주의 양가집 딸이었다. 어려서 어머니를 여의고 의탁할 곳이 없자 기생 노릇을 하며 살았다. 조금 자라자 관가에서 만덕의 이름을 기생 명부에 올렸다. 만덕은 비록 머리를 숙이고 기생 노릇을 하였지만 여느 기생들처럼 행동하지는 않았다.

나이가 스물 남짓 되었을 때 그는 울면서 자기 사정을 관청에 호소하였다. 관청에서도 불쌍히 여겨, 기생명부에서 이름을 빼 양민으로 되돌렸다. 만덕은 비록 살림을 차려 탐라의 사내들을 머슴으로 부렸지만, 남편을 맞지는 않았다. 그는 재산 증식에 재주가 있었다. 물가에 맞추어 물건을 내놓기도 하고 사들이기도 하였다. 그런 지 몇십 년이 되어 제법 부자 소리를 들게 되었다.

정조 19년(1795) 탐라에 큰 흉년이 들었다. 백성들 시신이 산더미같이 쌓였다. 임금이 곡식을 배에 싣고 가 구휼하라고 명하였다. 800리 바닷길을 바람에 돛 달고 북처럼 빨리 달렸으나 제때에 이르지 못하였다.

이에 만덕이 천금을 내어 육지에서 쌀을 사들였다. 여러 고을의 사공들이 때맞추어 도착하면 만덕은 그 가운데 10분의 1을 가져다 자신의 친족을 살리고 나머지는 모두 관청으로 보냈다. 얼굴이 누렇게 뜬 백성들이 그 소문을 듣고는 마치 구름처럼 관아의 뜰에 모여들었다. 관청에서는 급한 사정을 가려서 차등 있게 나누어주었다. 남녀노소 모두 나와 만덕의 은혜를 칭송하며 "우리를 살려준 이는 만덕이다"라고 하였다.

구제가 끝난 뒤 제주목사가 그 일에 대해 조정에 보고하였다. 임금이 몹시 기이하게 여겼다. "만덕에게 소원이 있다면 어렵고 쉽고를 묻지 말고 특별히 들어주라"고 유시하였다. 제주목사가 만덕을 불러 임금의 뜻을 전하며 소원이 있는지 물었다. 만덕이 대답하였다.

"다른 소원은 없고 다만 서울에 한번 들어가 임금 계신 곳을 바라보고 싶습니다. 그리고 금강산에 들어가 1만 2,000봉을 구경한다면 죽어도 여한이 없겠습니다."

탐라의 여자들은 바다 건너 육지에 오르지 못하는 것이 국법이었다. 제주목사가 그 소원을 보고하니, 임금이 소원대로 해주라고 하였다. 관가에서 역마를 내주고 음식도 번갈아 제공해 주라고 하였다.

만덕은 돛단배 한 척으로 만경창파를 넘어 병진년(1796) 가을에 서울에 왔다. 한두 번 채승상을 만났더니 채승상이 그 사실을 임금께 아뢰었다. 임금이 선혜청에 명하여 매달 식량을 내주라고 하였다. 또 며칠 뒤에는 그녀를 내의원 의녀로 삼아 모든 의녀의 우두머리가 되게 하였다. 만덕은 전례에 따라 내합문에 들어가 문안을 드렸다. 임금과 중전께서 각기 나인을 보내 말씀을 내렸다. "네가 여자의 몸으로 의기를 내어 굶주린 백성 몇천 명을 구하였으니 갸륵하도다"라고 하면서 상을 매우 후하게 내렸으니, 반년 동안 머물며 쓸 것이었다.

정사년(1797) 늦은 봄, 금강산에 들어갔다. 만폭동·중향성 등 기이한 경치를 두루 탐방하고 부처를 만나면 반드시 이마를 바닥에 대어 절하며 공양을 올리는 데 성의를 다하였다. 불법이 탐라국에는 들어가지 않았으므로 만덕의 나이 쉰여덟에 처음으로 절과 불상을 본 것이었다. 마침내 안문재를 넘어 유점사를 거쳐 고성으로 내려와 삼일포에서 배를 타고 통천의 총석정에 올라 천하의 장관을 모조리 다 보았다. 그런 뒤에 서울에 다시 올라와 며칠을 머물렀다. 장차 제주에 돌아가려고 내원에 나아가 아뢰었다. 임금과 중전께서 모두 전과 같이 상을 내렸다.

당시에 만덕의 이름이 서울 안에 가득 퍼졌다. 공경 사대부

중에 그를 한번 보려 하지 않는 이가 없었다. 만덕은 떠나기에 앞서 채승상에게 인사하며 목이 메어 말하였다.

"이승에서는 다시 대감의 얼굴을 뵙지 못하겠습니다."

그러고는 눈물을 줄줄 흘렸다. 승상은 말하였다.

"진시황秦始皇과 한무제漢武帝가 모두 일컫기를 '해외에 삼신산三神山이 있다'라고 하였다. 세상에서 말하기를 우리나라의 한라산이 바로 영주산이요, 금강산이 바로 봉래산이라 한다. 너는 탐라에서 생장하여 한라산에 올라 백록담 물을 퍼 올렸다. 지금 또 금강산까지 두루 밟았으니, 삼신산 가운데 둘은 모두 네가 가본 것이다. 세상의 수많은 남자들이라도 이렇게 한 이가 있겠는가. 지금 이별을 앞두고 오히려 아녀자의 가녀린 모습을 보이는 건 무슨 일이냐."

그리고 그 일을 기록하여 〈만덕전萬德傳〉을 짓고 웃으며 그에게 주었다.

채제공이 쓴 〈만덕전〉이다. 이 글을 쓸 때 채제공의 나이가 일흔여덟이었다. 김만덕은 자신의 일생을 적은 글을 노승상에게 받고 감격했을 것이다. 이후 다시 육지를 밟을 가능성도 거의 없고 있다 한들 그때까지 채제공이 살아 있을 가능성도 없기에 이생에서의 영원한 이별을 가슴 아파하고 있다.

제주 기생 김만덕이 굶주리는 백성을 구했다는 기사는 《정조실록》에도 등장한다. 당시 김만덕의 일은 장안에 화제였던 모양이다. 다투어 그를 만나보려는 사대부들이 많았다. 김만덕은 작별에 즈음해서 약 서른 명의 문인에게 전송시를 받아 묶어 가지고 갔다. 그 시집에 제題를 써준 정약용은 김만덕에게는 세 가지 기이함[三奇]과 네 가지 희귀함[四稀]이 있다고 했다. 세 가지 기이함이라 함은 기적妓籍에 실린 몸으로 과부 수절한 것과 많은 돈을 기꺼이 내놓은 것, 바다 섬에 살면서 산을 좋아한 것을 가리킨다. 네 가지 기이함이라 함은 여자로서 겹눈동자이고, 종의 신분으로 역마의 부름을 받았고, 기생으로서 승려가 메는 가마를 타고 갔고, 외진 섬사람으로 내전內殿의 사랑과 선물을 받은 것이라 했다. 그 말 속에 김만덕의 일생과 금강산행이 집약되어 나타나 있다.

제주도 여성은 육지에 오르지 못하게 되어 있었는데, 그러한 국법을 뛰어넘어 특별히 금강산까지 간 것은 자기 마을을 벗어나본 적이 없는 사람이 많던 조선시대에 특별한 일이었다. 그것도 양반들처럼 역마를 타거나 승려에게 가마를 메게 하는 등 신분의 한계를 극복한 대접을 받으면서 갈 수 있었던 것은 그녀의 의협심 때문이었다. 굶주려 죽어가는 사람들을 그냥 넘기지 않고 자신의 재산을 내어 구휼하는 그 의협심을 임금이나 양반들이 모두 감탄하고 있는 것이다. 당대의 사회에는 그런 정신이 필요했던 듯 많은 문인들의 글에 의협심을 가진 협객들을 형상화해서 그려놓고 있다. 여성인 김만덕이 그런 사회 분위기에 힘입어 이렇게 주목을 받게 되었던 것이다.

평생 모은 재산을 희사한 대가로 무슨 소원이든지 들어주겠다는 임금의 제안에 금강산 구경을 꼽은 것은 그녀로서는 제주도 여성이라는 한을 풀 수 있는 길이었다. 아울러 서울에 가서 임금과 중전을 만나보고 여러 문인들과 만나서 글도 받았으니 자신의 이름을 후세에 길이 남기게 하는 좋은 방법이었다.

김만덕의 의로운 행동에 의문을 제기하는 시각도 있다. 문인 심노숭沈魯崇은 〈계섬전桂纖傳〉이라는 작품 끝에 김만덕의 이야기를 덧붙여 세상의 명과 실이 어긋나는 예로 삼았다. 1794년 제주목사로 있던 부친을 찾아가 4개월 동안 제주에 머물던 때 김만덕의 이야기를 상세히 들었다고 했다. 김만덕이 음흉하고 인색해 돈을 보고 따랐다가 돈이 다하면 떠나는데, 남자가 입었던 바지저고리까지 빼앗아 수백 벌의 남자 바지저고리를 가지고 있다고 했다. 그래서 육지에서 온 상인 가운데 김만덕으로 인해 패가망신하는 이가 적지 않았으며, 기근에 곡식을 바친 것은 순전히 서울 구경을 하기 위한 것이라고 했다. 그의 말대로라면 "개처럼 벌어서 정승처럼 쓴다"는 속담처럼 했던 것인지도 모르겠다. 어쨌거나 큰돈을 내놓아 구휼한 것은 사실이고 임금에게까지 알려져 서울과 금강산 구경을 한 것도 사실이니 배포가 큰 여성임에는 틀림없다. 당시에 그런 여성을 보는 남성의 시선이 곱기만 하지는 않았을 것이다.

8
잃어버린 정체성을 찾아 나선 길

두련斗蓮은 북청北青[10]의 기생이다. 호서지방 대흥大興[11] 두련리
의 선비 차덕봉車德鳳은 고향선배인 성임成任[12]이 북청에 부임
할 때 성임을 따라와 아객衙客[13]이 되었다. 객지 생활에 무료해
하다가 우연히 관기官妓인 초안楚岸과 사귀게 되었다. 임신한 지
몇 달 만에 성임이 어떠한 일에 연루되어 돌아가게 되니, 차덕
봉도 같이 돌아가게 되었다. 떠날 때 부채 하나를 선물로 주며
아들을 낳으면 대흥이라 하고 딸을 낳으면 두련이라 이름을 지
으라 하였다. 해산하여 딸을 낳으니 이름을 두련이라 하였다.
차덕봉은 알지 못하였으니 북청과 대흥은 천 수백여 리나 떨어
져 있어 소식이 미치지 못하였다.

　몇 년이 지난 뒤, 하루는 차덕봉이 병이 들어 위태로웠다. 혼

미하여 자리에 누워 있는데, 갑자기 처사 곽진강郭振綱의 하인이 장령 안경운安慶運의 집에 다녀와서 편지며 옷가지, 삼목 등을 전해주었다. 병든 몸으로 열어보니 두련이 손수 싸 보낸 것이었다. 편지에 쓰기를, "태어나면서 아버님의 얼굴을 모르니 남들이 아버지라 부르는 소리를 들으면 항상 서러웠답니다. 만일 아버지가 살아 계신 것을 안다면 마땅히 찾아뵙기를 정말 간절히 원합니다"라고 하였다. 차덕봉이 이에 초안이 딸을 낳아 과연 두련으로 이름 지어 장성하였다는 것을 알았다. 한편 기쁘고 한편 슬프기도 하여 감정을 진정할 수 없었다. 빨리 답장을 쓰면서 〈두련사斗蓮詞〉 한 편을 지어 보냈다.

이해 가을, 두련은 행장을 꾸려 천리 길을 말을 타고 홍주 금마천으로 와 아버지를 뵈었다. 그사이 대흥에서 금마천으로 이사한 것이었다. 부녀는 서로 붙들고 흐느껴 울었다. 두련이 얼마간 머물면서 아버지를 모셨다. 소환령이 내려와 부득이 북청으로 떠나게 되었다. 그 후에도 또 휴가를 내어 오기를 두세 차례 더하였다. 오면 반드시 오래 머물며 차마 떠나지 못하였는데 마침내는 임종한 후 상까지 치르고 돌아갔다.

두련의 사촌오빠인 차보극車輔極이 내게 이 이야기를 자세히 전해주었다. 나는 듣고 매우 기이하다고 생각하였다. 두련은 천한 기생의 몸으로 부자의 윤리를 극진히 하였는데 이는 주수창朱壽昌[14]의 고사와 같다. 실로 천고에 신이한 일이라 사라져서는 안 될 것이다.

아하, 나는 알겠다. 두련의 효는 연원이 있는 것이다. 그의 할아버지 명징命徵과 종조부인 경징敬徵이 부모를 잘 섬긴 것으로 널리 소문이 나 효자문을 세웠다. 그 아버지 차덕봉 또한 시묘살이를 하여 마을에 칭찬이 자자하였다. 집안이 이러하니 두련이 그렇지 않았겠는가. 얼마 후 두련이 죽고 그 뒤 보극도 세상을 떠났다. 나는 이에 그 이야기가 전하지 않을까 걱정스러워 간략하게 써서 후세 사람들에게 남긴다.

신경申暻의 〈효기두련전孝妓斗蓮傳〉이다. 친구인 차보극에게 두련의 이야기를 듣고 기이한 일이라며 전을 썼다. 성춘향과 이도령처럼 기생과 양반 자제 사이의 사랑은 제법 흔한 일인데 그 사이에 태어난 딸이 아버지를 찾아 효도를 다하는 이야기는 이채롭다. 북청이 있는 함경도와 대흥이 있는 충청도의 거리를 생각하면 몇 차례씩 오가며 아버지를 찾아온다는 것이 쉬운 일은 아니었을 것이다. 게다가 어미의 신분을 이어받아 관기가 된 두련이 관에 매인 신분이라는 것을 생각하면 더욱 그렇다.

작자는 이런 두련의 효심의 이유를 차씨 집안의 혈통에서 찾았다. 할아버지 형제가 효도를 해서 영조 때 효자 정문을 세운 것이 지금도 충청남도 예산에 전하고 있다. 할아버지인 차명징은 부모가 병이 나자 손가락을 깨물어 그 피를 입에 넣어드림으로써 목숨을 몇 차례나 연장시켰다. 아버지인 차덕봉도 부모의 묘 앞에서 묘를 지키는 시묘살이를 해서 지극한 효성을 보였다.

그 아버지에 그 딸인가. 자기가 태어난 줄도 모르고 있던 아버지에게 다 큰 딸이 나타나 효도를 다했다. 두련은 자신의 뿌리를 찾았다는 기쁨에 아무도 강요하지 않는 효를 자발적으로 수행한다. 이런 효녀딸 이야기가 당시에도 상당히 화제가 되었던 듯, 이 이야기는 《청구야담青邱野談》에도 전한다.

---

10) 함경남도 북청군.
11) 충청남도 예산군 대흥면.
12) 자는 여중汝重, 본관은 창녕昌寧이고 숙종肅宗 10년에 식년시式年試에 합격한 기록이 있다. 성종 때의 문인 성임과는 동명이인이다.
13) 고을 원을 따라와 관아에서 묵고 있는 손님.
14) 송宋나라 때 지랑주知閬州를 지내고 벼슬이 사농소경司農少卿에 이른 인물로 실절失節한 어머니에게 지극히 효도했던 것으로 유명하다.

9
노력하지 않고 얻은 성과는
오히려 해가 된다

옛날 한 과부가 젊은 나이에 남편을 여의고 어린 아들 둘과 함께 살았다. 과부의 집은 육각현六角峴[15] 아래에 있었는데, 집 뒤 뜰에 채마밭을 가꾸어 채소를 심어 먹었다. 어느 날 호미질을 하다가 쟁그랑 소리가 나서 살펴보니 돌 밑에 은 항아리가 있었다. 과부는 그것을 다시 묻어, 남이 알지 못하도록 하였다.

집은 가난하였으나 과부는 두 아들을 부지런히 가르쳤다. 차례로 성공하여 둘 다 후한 봉급을 받는 자리에 올랐다. 과부는 늙도록 무병하였고, 손자도 일고여덟은 되었다.

하루는 어머니가 아들과 손자, 며느리를 불러 모아서 은을 묻어둔 곳으로 데리고 갔다. 은을 꺼내 보이며 말하였다.

"내가 30년 전에 채마밭을 가꾸다가 이것을 얻었으나 도로 덮어버렸다. 그때는 너희가 어린데 갑자기 부자가 되어 공부를 하지 않는다면 제대로 된 사람이 되지 못할까 두려웠다. 그래서 너희로 하여금 부지런히 글공부를 하게 하였더니 다행히 어느 정도 성공하였다. 지금은 이것이 있어도 사치에 빠질 염려는 없겠으니 보여주는 것이다. 가져다 좋은 곳에 쓰도록 하여라."

그 어머니는 선행을 좋아하여 굶주린 사람은 먹이고 헐벗은 사람은 옷을 입혔다. 친척 중에 가난하여 혼사나 장례를 치르지 못하는 사람이 있으면 후하게 도와주었다. 겨울에는 항상 버선 수십 켤레를 만들어 가마를 타고 나가 버선을 신지 못한 걸인들에게 나누어주었다. 대개 추위로 겪는 고통 중에 가장 힘든 것이 발에 동상이 생기는 것이기 때문이다. 또 친지 가운데 가난한 사람들을 두루 찾아다니며 그들의 집이 허물어진 것을 수리해주었다.

그 어머니는 나이 여든을 넘기고 병 없이 세상을 떴다. 두 아들은 각기 일흔을 넘기고 벼슬이 동지同知에 이르렀다. 후손들이 번성하여 혹 과거에 급제하기도 하고 찰방察訪이나 첨사僉使 등의 벼슬에 이르기도 하였다.

유재건劉在建이 편찬한 《이향견문록里鄕見聞錄》에 수록되어 있는 〈노과녀老寡女〉라는 이야기다. 늙은 과부가 우연히 발견한 은 항아리를 도로 덮어두었다가 30년이 지난 후에 공개하며 가져다 좋은 곳에 쓰라고 한다. 이 이야기는 '뜻하지 않은 재물'이 생겼을 때 어떻게 대처하는가를 보여주고 있다. 많은 사람이 일확천금을 꿈꾸지만 실제로 그런 행운을 얻은 사람들이 다 행복하기만 한 것은 아니다. 이 어머니는 노력하지 않고 얻은 재물은 오히려 자식들에게 해가 된다고 생각했다. 그것을 행운으로 받아들이지 않고 오히려 재앙이라고 여겼다.

30년 동안 밭에 묻혀 있던 은 항아리는 자식들이 다 성공해 크게 재물에 흔들리지 않을 정도의 위치에 이르러서야 다시 세상으로 나왔다. 이제는 재물이 있다고 사치할 염려는 없어 보이니 가져다 좋은 곳에 쓰라고 했다. 재물을 어떻게 쓰는 것이 좋은 일인가는 어머니가 평소의 행적으로 자식들에게 모범을 보였다. 굶주린 사람들에게는 밥을 주고 헐벗은 자에게는 옷을 주고 오래된 낡은 집에 사는 사람들에게는 집을 수리해주었다. 빈민층의 아픔을 어루만지는 나눔을 실천했던 것이다.

이와 비슷한 이야기가 중인층인 김학성金鶴聲의 어머니 임씨의 일로 전해 내려오는 것도 있다. 임씨는 처마에서 물이 떨어지는 소리에 맞추어 쇳소리가 나는 것을 듣고 마당을 파다가 커다란 가마솥을 발견했다. 가마솥에 은이 가득 들어 있는 것을 발견한 임씨는 그대로 솥을 묻어버리고 아예 집을 판 뒤 다른 곳으로 이사해버렸다. 어쩌면 조상 가운데 누군가가 자손을 위해 남겨둔 것일 수도 있는 재산을 과감히 버리고 맹모삼천孟母三遷을 결행했던 것이다. 내 집 안에 있어서 늘 그것에 대해 고민하고 생각하기보다는 번뇌의 싹을 끊어버리는 게 낫다고 여겼나보다.

김학성의 어머니도 자식들을 잘 키워 성공시켰다. 나중에 오빠들에게 지난 일을 술회하면서 "지금 약간 모아둔 재산은 저의 열 손가락으로 일구어낸 것이니 졸지에 굴러든 재물에 견줄 수 없는 것입니다"라고 했다. 벼락부자가 되는 것이 자식을 망치는 길이라는 인식이 우리 조상들이 재물보다는 교육을 더 중시한 바탕이 되었을 것이다. 김학성은 글씨를 잘 써 비변사의 서리가 되었다. 언제나 퇴근 뒤에는 〈난정첩蘭亭帖〉을 한 번씩 베껴 쓰고서야 잠들었다. 글씨를 잘 쓰는 것으로 소문나 정조 임금까지 알아줄 정도였다고 한다.

---

15) 서울 종로구 필운동에 있는 필운대 옆에 있던 고개. 큰 집에 담이 길고 여섯 모가 나 있다고 해서 육각재라고 불렀다.

제3장

조선의 모순을 깨우쳐준 여성들

하늘이 내게 인仁과 지知의 성품과 눈과 귀를 주셨으니

산수를 즐기고 널리 보고 듣지 않을 수 있겠는가.

하늘이 내게 총명한 재주를 주셨으니 이 문명한 나라에서

어찌 할 일이 없겠는가. 여자로 태어났다고 장차 방안 깊숙이

문을 닫고 경법만을 지키며 사는 것이 옳은가.

한미한 집안에 났다고 분수를 지키면서

이름 없이 사라지는 것이 옳은가.

-

김금원, 〈호동서락기湖東西洛記〉

1
여자만 처벌하는
세태에 대한 항의

아룁니다. 저는 비록 벼슬하는 집안은 아니나 양가집 소생으로 어려서부터 정절을 지니고 깊은 규중에서 자랐습니다. 홍안은 박명이요, 청춘은 늙기 쉬우니, 열다섯 꽃다운 시절도 벌써 지나가고 혼례도 치르지 못하였습니다. 가을 달과 봄바람을 부질없이 보냈으니 여름날과 겨울밤은 또 누구와 함께하나, 가정을 이루고 싶은 소원은 헛되이 깊어갑니다. 중매가 없으니 탄식만 간절하였습니다. 들보 위에 제비가 쌍쌍이 깃드는 것을 부러워하고, 거울 속에 난새가 홀로 우는 것을 원망하였습니다.

　마침 서울에 사는 최씨 낭군이 약관의 나이로 울타리 하나 사이로 이사를 왔습니다. 옥을 깎아놓은 듯한 깨끗한 외모와 향을 훔쳐줄 만한[1] 다정한 운치가 있어 재자才子가 가인佳人을 만난 셈이었습니다. 사랑스러운 여자가 정겨운 남자를 사모하여 그윽한 생각이 한 곡의 비파와 같고, 일렁이는 흥은 봄날의 나비와 벌 같았습니다. 처음에는 내가 담장 틈새로 송옥宋玉[2]을 엿보는 것 같았으나, 마침내 거문고에 이끌려 간 탁문군卓文君[3]이 되고 말았습니다. 삼생의 원업이 하룻밤의 아름다운 인연으로 맺어져 저녁에 만나기로 하였고 서로 차고 있던 패물을 나누어주며 증표로 삼았습니다. 복사꽃이 봄에 활짝 피고, 넝쿨풀에 이슬이 함초롬하였습니다. 비록 육례의 예물은 갖추지 못하였으나, 일생을 해로하기로 기약하였습니다.

그러나 어찌 알았겠습니까? 그의 어머니의 노여움을 만나 동헌에서 송사를 부르게 될 줄을. 규방의 처녀로서 행실이 어그러졌으니 기적에 이름을 얹어야 한다고 합니다. 정원에 있던 꽃이 길가의 버들이 될 줄을 누가 알았겠습니까. 스스로 돌아보니 부끄럽고 창피하여 슬프고도 가슴 아픕니다. 비록 춘심을 억누르지 못하여 물길이 잘못 흐르고 말았으나, 아침에 구름 되고 저녁에 비가 된 것일 뿐, 몸을 함부로 하여 동가식서가숙東家食西家宿[4]을 한 것은 아닙니다. 그런데 어찌하여 이 약한 몸을 영원토록 물에 빠트려, 지금의 꽃다운 인연을 끊으려 하십니까. 하물며 저는 가무를 익힌 적이 없고, 흥겨운 가야금과 애절한 피리 소리도 제 손에는 익숙하지 못하니, 관아의 여러 행사에 적합한 사람이 되지 못하는데 어찌 그런 일을 하겠습니까. 엎드려 바라옵건대 주렴을 걷어 앵무새를 놓아주시고 회초리를 꺾어 원앙을 보호해주시옵소서. 구멍을 뚫고 담을 넘은 죄를 용서하시고 손을 잡고 소매를 끌어당기는 소원을 이루어주소서.

이 글은 의령宜寧의 규수인 필영必英이 쓴 소지장을, 조선후기 문인인 이옥李鈺이 소지장을 익히고자 하는 시골 학동들에게 보이고자 다시 수정해 쓴 것이다. 말하자면 글짓기 연습을 하는 학동들이 표본으로 삼는 글이라는 이야기다. 소지장이란 백성이 관청에 하소연하는 글이다. 과거 급제를 위한 글도 아니고 학자가 되기 위해 공부하는 것도 아닌, 일상생활의 효용성을 위해서 필요한 양식이다. 이두식 표기도 곁들였다. 곳곳에 중국의 고사성어를 나열하기도 했다.

의령의 양가집 규수인 필영은 서울에서 이웃으로 이사를 온 최씨 청년을 만나 사랑에 빠지게 되었다. 자신들끼리는 서로 일생을 해로하자고 약속했으나, 최랑의 어머니가 관가에 고발해 송사에 얽히고 말았다. 아마도 옆집 처녀가 내 아들을 꾀었으니 관에서 징치해달라고 했던 모양이다. 필영에게 기생이 되라는 것이니, 필영은 너무나도 억울한 마음에 직접 자술서를 쓰게 되었다. 같이 사랑하고도 여자만 벌을 받는 조선시대의 법이 지금은 너무도 이해하기 어렵다. 하루아침에 기생이 되어야 하는 필영의 처지가 안타깝게 그려져 있다.

세종世宗 때 양반층에서 유부남과 유부녀가 은밀히 사랑을 나눈 일이 발각된 적이 있었다. 그 죄가 강상綱常을 무너뜨린 중죄라 해서 여자는 저잣거리에 사흘 동안 세워두었다가 목을 베었고, 남자는 귀양을 보냈다. 사랑에 관한 한 여자에게 더 혹독한 벌을 내리는 일은 신분을 막론하고 자행되었다.

---

1) 여자가 남자를 사랑하는 것을 의미한다. 진晉나라 가충賈充의 딸이 한수韓壽를 사랑해 몰래 아버지의 향을 훔쳐다 주었는데, 가충이 한수에게 풍기는 향기 때문에 그 사실을 알고 둘을 결혼시켰다.
2) 중국의 시인. 굴원屈原의 제자였다고 한다.
3) 중국 한漢나라 때의 시인인 사마상여司馬相如는 과부인 탁문군을 사랑해 거문고를 연주해 그녀의 마음을 산 후 함께 성도成都로 도망가 살았다.
4) 중국 제齊나라에 딸을 둔 부부가 사윗감을 구하는데, 동가東家는 부자이지만 못생겼고, 서가西家는 잘생겼으나 가난했다. 부모가 결정할 수가 없어서 딸에게 선택하라고 했더니 딸이 "동쪽 집에서 먹고 서쪽 집에서 잠을 자겠다"라고 했다.

2
평범한 남자에게
종속되기를 거부하다

소응천蘇凝天은 진사로서 삼남 지역에 명성이 있었다. 모두들 기이한 선비라고 여겼다. 하루는 한 여자가 와서 절하고 뵙기를 청하였다.

"제가 당신에 대한 자자한 명성을 들은 지 오래입니다. 미천한 몸으로 곁에서 모시고자 하오니 허락해주실 수 있겠는지요?"

응천이 말하였다.

"너는 처자의 거동을 고치지 않고 있으면서 스스로 남자에게 첩이 되고자 하니 이는 처자의 할 일이 아니다. 남의 집 종이거나 창기인가? 아니면 이미 시집가고도 잠시 처녀의 모습을 고치지 않은 것이냐?"

여자가 대답하였다.

"종입니다. 그러나 주인댁은 아무도 살아남은 사람이 없어 돌아갈 곳이 없습니다. 단지 한 가닥 바람이 있어 평범한 남자와 종신토록 살고 싶지는 않은 까닭에 남복을 하고 세상을 돌아다녔습니다. 스스로 가벼이 몸을 더럽히지 않고 천하의 기이한 선비를 찾아다닌 끝에 당신께 몸을 맡기기로 하였답니다."

응천이 이를 받아들여 첩으로 삼았다. 몇 년을 함께 지냈다. 그 첩이 어느 날 독한 술과 좋은 안주를 갖추어놓고 달 밝은 밤을 틈타 자신의 지나온 평생을 이야기하였다.

"저는 어느 댁 노비였습니다. 마침 주인 낭자와 같은 해에 태어났으므로 주인댁에서는 특별히 낭자에게 저를 주어 심부름꾼으로 삼게 하였습니다. 장차 시집갈 때에 교전비로 삼으려는 것이었지요. 나이 겨우 아홉 되던 해에 주인댁이 권세가에게 멸문당하여 전원을 모두 빼앗겼습니다. 다만 낭자와 유모만 남아 타향으로 도망하여 숨었는데 노비로서 따라온 자는 저 하나뿐이었습니다.

낭자가 겨우 열 살이 넘자 저와 함께 남장을 하고 검술의 스승을 찾아 멀리 떠났습니다. 2년이 지나 비로소 스승을 얻어 무검舞劍을 배우고 5년이 지나 비로소 공중을 날아 오갈 수 있게 되었습니다. 이름난 도회지에서 기예를 팔아 수천 금을 얻었고 그것으로 보검 네 자루를 샀습니다.

그러고는 원수의 집을 찾아가 기예를 파는 사람인 체하고 달

빛을 타고 춤을 추다가 칼을 날려 잠깐 사이에 수십 명의 머리를 베었습니다. 원수 집안 내외가 모두 붉은 피를 흘리며 죽었습니다. 이윽고 춤추듯 날아 돌아와서 낭자는 목욕한 후 여자 옷으로 갈아입었습니다. 술과 안주를 차려 선친의 묘에 복수를 고하였습니다.

그러고는 저에게 당부하여 말하였습니다.

'나는 아들이 아니니 살아 있어도 대를 잇는 막중한 일은 하지 못한다. 남장을 하고 8년이나 천리를 돌아다녔으니, 설사 남에게 몸을 더럽히지는 않았으나 이 어찌 처자의 도리라 하겠느냐. 시집가고자 해도 혼처가 없을 테고 혼처를 얻더라도 어찌 내 마음에 맞는 장부를 얻겠느냐. 또한 우리 집은 친척도 없는 단족이어서 누가 내 혼주가 되어주겠느냐. 나는 곧 여기에서 자결할 것이니 네가 나의 두 보검을 팔아 여기다 장사를 지내다오. 내 유골을 부모님의 무덤 곁에 묻을 수 있다면 나는 여한이 없다. 너는 종의 신분이니 처신이 나와는 다르다. 나를 따라서 죽지 마라. 나를 장사 지낸 후 나라 안을 널리 돌아다녀서 기이한 선비를 골라 그 사람의 처첩이 되어라. 너 또한 기이한 뜻과 걸출한 기개가 있으니 어찌 평범한 남자에게 머리를 숙이고 살겠느냐.'

낭자는 곧 칼로 자결하였습니다. 저는 두 검을 팔아서 500여 금으로 낭자의 장례를 치렀습니다. 남은 돈으로 전답을 사서 제사를 잇도록 하였습니다. 남장한 채로 3년을 떠돌아다녔습니다. 들은 바로는 이름 높은 선비로 당신만한 이가 없었습니다. 그래서 제 몸을 바쳐 모시고자 하였던 것입니다.

그런데 모시면서 가만히 보니 당신이 능한 것은 문장의 작은 재주와 천문·역법·법률·산술·운수·점·예언·도참 등에 불과하더이다. 마음을 두고 몸가짐을 가지는 큰 방도와 세상을 다스리고 후세에 모범이 될 큰 도리는 아득히 미치지 못합니다. 기이한 선비란 이름을 얻음이 너무 과분하더군요.

무릇 실보다 지나친 이름을 얻은 자는 평상시에도 화를 면하기 어렵거늘 하물며 난세에야 어떻겠습니까. 당신은 신중하여야 합니다. 온전한 마지막을 얻기가 쉽지 않을 것입니다. 바라건대 지금부터 산속에 살지 말고 어리석은 듯 유순한 듯 전주 도회지에 나가 살면서 서리들의 자제라도 가르친다면 의식이 족할 것입니다. 다른 것을 바라지 않는다면 세상의 화를 면할 수 있을 것입니다.

이미 당신이 기이한 선비가 아니라는 것을 알면서 종신토록 섬기는 것은 제 뜻이 아니며 또한 낭자의 명을 저버리는 것입니다. 그러니 내일 새벽에 작별을 고하고 인적이 끊긴 바다와 깊은 산에서 노닐겠습니다. 남장이 아직 있으니 다시 입고 떠나고자 합니다. 어찌 다시 여자가 되어 얌전히 음식을 하며 바느질을 하겠습니까.

3년 동안 가까이 모신 것을 돌아보건대 어찌 이별의 예가 없을 수 있으리오. 또한 평생의 뛰어난 재주를 끝까지 감추어 당신께 보여드리지 않을 수도 없으니 당신은 이 술을 억지로 마시고 담대하게 기운 차리시어 자세히 보아주십시오."

응천이 크게 놀라 얼굴을 붉히며 한 마디 말도 하지 못하였다. 다만 술잔을 받아 평시의 주량 정도만 마셨다. 그녀가 말하였다.

"칼바람이 매섭기 때문에 당신의 정신으로는 당하지 못하니 술의 힘을 빌려 버티고자 하는 것입니다. 흠뻑 취하지 않으면 안 됩니다."

다시 열 잔 정도를 권하더니 자신도 실컷 먹고 거나해져서 옷차림을 갖추었다. 푸른 모전, 두건, 붉은 비단옷, 노란 수 허리띠, 하얀 비단 바지, 얼룩 무소가죽으로 만든 신, 빛나는 연화검 한 쌍을 꺼냈다. 치마저고리를 벗고 가뿐한 홑겹 옷으로 갈아입고 잘 동여맨 뒤 두 번 절하고 일어났다.

마치 물 찬 제비가 나는 모양과 같고, 별안간 칼을 들고 몸을 솟구쳐 칼을 끼웠다. 처음에는 사방으로 흩어지니 꽃이 떨어지고 얼음이 깨지는 듯하였다. 중간에는 둥글게 맺으니 눈이 흩어져 번개가 치는 듯하였다. 마지막에는 고니처럼 선회하며 학처럼 높이 날아 이미 사람을 볼 수 없으니 또한 검이 보일 리가 없었다.

다만 한 가닥 흰 빛이 동쪽을 건드리고 서쪽을 스치더니 남쪽에 번쩍, 북쪽에 번쩍 하였다. 쏴아 바람이 일고 찬 빛이 하늘을 얼렸다. 한 마디 기합을 넣더니 정원의 나무가 잘려나갔다. 그녀가 검을 던지고 서너 남은 빛과 서늘한 기운이 사람에게 두루 미쳤다.

응천은 처음엔 굳은 듯 앉아 있다가 이어 움츠리고 떨었다. 마침내는 쓰러져 거의 인사불성이었다. 그녀가 검을 거두고 옷을 갈아입고 술을 덥혀 입에 넣어주니 응천이 소생하였다. 다음 날 새벽, 그녀는 남장을 한 뒤 하직인사를 하고 떠났다. 아득히 어디로 가는지 알 수 없었다.

아하, 여자로 남의 종이 되어서도 자기의 몸을 귀하게 여겨 가벼이 평범한 남자에게 맡기지 않거늘 하물며 박식한 학자, 기이한 선비가 되어 좇을 바를 가리지 않아서야 되겠는가.

안석경安錫儆의 〈삽교만록霅橋漫錄〉에 실린 야담이다. 소응천이라는 선비는 실제 익산에 살던 이름난 학자였다. 시문을 모은 《춘암유고春庵遺稿》라는 문집도 전하고 있다. 글쓴이와 동시대를 살았던 인물인데 이처럼 주인공의 기대에 미치지 못하는 남자로 그려놓은 이유는 알 수 없다.

복수를 그린 이야기는 많지만 이렇게 구체적으로 준비하고 실행하는 과정을 자세하게 그린 기록은 많지 않다. 한 편의 드라마 같은 이 작품은 소설이라고 인식되기도 한다. 열 살이 조금 넘은 여자아이들이 남장을 하고 검술의 스승을 찾아 길을 나섰다. 스승을 찾기가 쉽지 않았던지 2년이 지나서야 스승을 얻어 무검을 배웠다. 5년이상 갈고 닦은 끝에 공중을 날아오를 수 있게 되었다.

그러고는 원수의 집을 찾아가 기예를 보여주는 척하면서 칼을 날려 그 집안사람들을 죽여 복수를 했다. 이들이 복수를 위해 남장을 하고 다닌 지 8년 만에 임무를 완성하고 주인 낭자는 스스로 생을 마감했다. 자신의 장례를 계집종인 주인공에게 부탁하고 부모의 곁에 묻혔다.

삶과 죽음이 나뉘는 경계에 신분의 차이가 있다. 양반인 주인 낭자는 이런 자신의 행동이 처자의 도리를 어긴 것이고 마땅한 혼처도 얻지 못할 것이라며 죽음을 선택했다. 그러나 종에게는 그럴 필요가 없다며 기이한 선비를 골라 그의 첩이 되라고 했다.

주인 낭자는 자신이 전에 누렸던 양반 가문 여성의 지위를 다시 누리지는 못할 것이다. 또 자기를 이해해줄 남자를 만날 가망도 없는 조선사회에서 더는 살 자신이 없었는지도 모르겠다. 복수라는 일념으로 긴 시간 남장을 하고 살았지만, 여자 옷을 입고 부모 무덤 앞에 선 그녀는 다시 양반가의 딸로 돌아와 나약한 모습으로 자신을 돌아보았다.

3년이라는 시간을 들여 기이한 선비를 찾아 첩이 된 계집종도 힘들기는 마찬가지였다. 한 가정의 틀 안에 자기를 가두기에는 너무나 많은 경험을 했고 남자를 보는 눈도 상당히 높아졌다. 무엇보다

자신의 재주를 감추고 첩이라는 종속적인 위치에 걸맞은 삶을 살 수
가 없었을 것이다. 남장을 하고 검술의 스승을 찾아 나섰던 어린 시
절처럼 다시 남장을 꺼내 입고 훨훨 떠나버린 이 여성은 그 후에 어
찌 되었을까.

3
가혹한 정치는
호랑이보다 무섭다

이른바 '잠녀'라 하는 자가 있으니 잠수하는 것이 업이다. 미역
을 따거나 전복을 따기도 한다. 전복을 따는 것은 미역을 따는
것에 비해 매우 어렵고 고통이 훨씬 심하다. 그들의 용모가 시
커멓고 초췌하여 걱정과 근심으로 곧 죽을 듯한 형상이었다.
내가 그들의 노고를 위로하며 그 일에 대해 상세히 물어보았
다. 그녀가 대답하였다.

"저는 바닷가에 나가면 우선 땔나무로 불을 지펴놓습니다.
옷을 벗고 가슴에 박을 두른 후 새끼줄로 만든 자루를 박에 묶
습니다. 이전에 딴 전복 껍질을 자루에 넣고 손에는 뾰족한 쇠
꼬챙이를 들고 헤엄쳐서 마침내 물속에 들어갑니다. 바닥에 이
르면 한 손으로 돌 가장자리를 만져보아 전복이 있는지 알아봅

니다. 그런데 돌에 붙어 있는 전복은 딱딱하여 껍데기째 엎어져 있습니다. 딱딱하니 바로 캘 수 없고 엎어져 있으니 그 색깔이 검어서 돌과 구분이 되지 않습니다. 그래서 전에 캔 전복의 껍데기를 위로 보이게 엎어놓아 위치를 표시해둡니다. 껍데기의 안쪽이 빛나므로 물속에서도 잘 보이기 때문이랍니다. 여기까지 하고 나면 제 숨이 가빠져서 얼른 물 밖으로 나와 박을 껴안고 숨을 쉽니다. 그 가쁜 소리가 몇 번이나 될지 모를 만큼 숨을 내쉰 후에 겨우 살아납니다. 그러고는 다시 물속에 아까 표시해두었던 곳으로 들어가서 쇠꼬챙이로 전복을 캔 뒤 자루에 넣어서 가지고 나온답니다. 물가에 나오면 추위에 몸이 얼어 떨리는 것을 감당할 수 없지요. 비록 여름철이라 해도 마찬가지입니다. 불을 지핀 곳에 가서 몸을 녹이고 나서야 살 수가 있습니다.

한 번 들어가 전복을 보지 못하고, 다시 들어가도 전복을 따지 못하는 경우도 있습니다. 전복을 캐려다가 죽을 뻔하였던 일도 많습니다. 게다가 바다 밑의 돌은 뾰족하고 날카로워서 닿으면 바로 죽습니다. 물뱀들은 또 얼마나 지독한지 물리면 바로 죽습니다. 그래서 같이 일하던 이들 가운데에는 급사하거나 얼어 죽거나 돌이나 뱀에 죽은 자들이 부지기수입니다. 저는 요행히 살아 있으나 병으로 고생하고 있습니다. 제 얼굴색을 한번 보셔요."

나는 그녀가 불쌍하였다. 잠녀는 앞으로 나와서 또다시 말하였다.

"공은 전복을 따는 것이 어렵다는 것만 아시고 제가 전복 사는 것이 더 어렵다는 건 모르실 겁니다."

내가 물었다.

"자네가 전복을 캐는 사람이니 자네를 통해서 전복을 사야 하거늘, 어찌 자네가 전복을 산다는 것인가."

"저는 힘없는 백성입니다. 전복은 맛있는 것입니다. 백성으로서 맛있는 것을 얻어 임금께 올리고, 여러 관리들의 식탁에 올리며, 또 관리들이 대접하고 싶은 사람들에게도 바칩니다. 이것이 저의 직분입니다. 제가 비록 그것으로 제 생활의 밑천으로 삼지는 못하지만 관리들과 대접할 사람들을 생각하면 비록 제일 아래라도 제게 가해진 일인데 감히 받들지 않겠습니까? 비록 병이 나더라도 감히 한탄하겠습니까? 오직 여러 관리들이 매우 좋아하는 것이니 그들의 말을 따르지 못할까 그것만 걱정이었습니다.

욕심을 채우지 못한 자는 천하고 비루하기가 저희와 다르지 않습니다. 오로지 붉은 분칠을 하고 비단옷을 두른 것만이 다르답니다. 좋아하기 때문에 저의 전복은 항상 축적의 대상이 되었고, 말을 하면 그대로 따르니 더욱 독촉하여 징수하기를 그치지 않았습니다. 그러니 많이 모아서 가득 채웠는데도 더 많이 모았으니 이번에는 그것을 내다 파는 것이지요. 이익을 몇 배로 더 보려는 것입니다.

제가 만일 병이 나서 일을 나가지 못하거나, 나갔는데도 전복을 따지 못하면 그 독촉하는 압박을 견디지 못해 때때로 그들이 모아둔 것을 파는 곳으로 갑니다. 그것을 사서 관아에 보냅니다. 팔고 사는 것은 다 각기 하고 싶은 대로 하는 것이지만 지금 제 형편으로는 사지 않을 수 없으니 가격을 비싸게 매기더라도 사야 합니다. 그래서 저는 파산하였습니다. 전복 하나를 캐는 근심은 제 자신에게 그치지만 그것을 사야 하는 화는 가족 모두에게 미쳐 제대로 살 수 없을 지경입니다. 제가 크게 곤란하고 매우 어렵지 않겠습니까.”

나는 태산泰山의 호랑이와 영주永州의 뱀을 생각하였다. 가혹한 정치와 무거운 세금이 없기를 바라지만 지금 너는 전복을 캐는 고통과 전복을 사는 고통을 겸하고 있으니 정말 민망하도다.

김춘택金春澤의 〈잠녀설潛女說〉이다. 김춘택은 《구운몽九雲夢》을 쓴 김만중의 종손이다. 김만중의 형인 김만기가 숙종의 첫째 왕비인 인경왕후仁敬王后의 아버지이니, 숙종은 김춘택에게 고모부가 된다. 남인과 서인이 장희빈張禧嬪과 인현왕후仁顯王后를 두고 정쟁을 벌이던 시대에 김춘택은 인현왕후의 복위 운동을 주도하는 등 적극적으로 활동을 하다가 다섯 차례나 유배를 갔다. 장희빈 소생의 세자를 모해했다는 혐의로 1706년 제주도로 유배된 김춘택은 1712년에야 제주도 유배에서 벗어날 수 있었다. 이 글은 그 당시 제주도에서 만난 해녀의 이야기를 기록한 것이다.

장비가 없던 조선시대에 해녀가 전복을 따는 과정을 매우 자세하게 설명하고 있는 것이 인상적이다. 거기에 더해 일정량의 전복을 바치지 못하면 해녀가 되레 전복을 사서 바쳐야 하는 현실을 고발하고 있다. 이런 현실은 김춘택이 제주에 유배를 가지 않았더라면 알 수 없었을 것이다.

태산의 호랑이란 "가혹한 정치는 호랑이보다 무섭다"라는 공자의 탄식을 자아낸 이야기다. 공자가 제자들과 태산 부근을 지나갈 때 어떤 여자가 무덤 앞에서 애절하게 우는 것을 보고 제자를 시켜 이유를 알아보게 했다. 여성은 시아버지도 호랑이에게 물려 죽었는데 이번에 남편까지 호랑이에게 화를 당했다고 했다. 왜 다른 곳으로 옮겨가 살지 않느냐는 공자의 물음에 여자는 이곳은 탐관오리들의 가렴주구苛斂誅求가 없기 때문이라고 답했다.

영주의 뱀 이야기는 유종원柳宗元의 〈포사자설捕蛇者說〉에 나오는 이야기다. 영주 땅에는 기이한 뱀이 있는데, 그 뱀이 초목에 닿으면 초목이 말라 죽고 사람이 물리면 그대로 죽었다. 그렇게 독하므로 심한 중풍이나 악성 종양 등에 특효약이었다. 그래서 왕명에 따라 이 뱀을 잡아 1년에 두 마리를 바치는 자에게는 조세를 감면해주도록 했다. 이 마을에 사는 장씨는 삼대에 걸쳐 이 일을 했는데, 조부와 부친을 다 뱀에 잃고 자기도 여러 차례 죽을 뻔했다. 그런데도 이 일을 계속하는 이유를 묻자, 뱀 잡는 일을 하지 않는 이웃사람들이 세금에 시달려 나날이 궁핍해지고 살길을 찾아 여기저기 떠돌다가 굶주림에 쓰러지고 추위에 얼어 죽고 전염병에 걸려 죽으니 차라리 1년 가운데 두어 번만 죽음을 무릅쓰면 되는 자기의 삶이 더 낫다고 대답했다.

김춘택의 글은, 바다의 전복을 따는 일만도 충분히 힘들고 괴로운 해녀들이 관리들에게 상납하고 그들의 욕심을 채워주느라 고통받는 삶을 사실적으로 보여주고 있다. 해녀의 입을 통해 위정자란 비단옷을 입었을 뿐 욕심을 부리고 이익을 추구하는 데 있어서는 비루하고 천하기 그지없는 인간이라는 사실을 고발하는 것이다.

김춘택보다 뒤인 1764년에 의금부도사로 제주에 간 신광수申光洙는 45일 동안 제주도에 머물며 〈잠녀가潛女歌〉라는 시를 지었다.

탐라의 여자아이들은 자맥질을 잘하여서
열 살이면 이미 헤엄치는 것을 배워 물에 나가 노니네.
고을 풍속이 혼인할 때가 되면 잠녀를 귀히 여기니
부모들은 우리 딸 의식 걱정 없다고 자랑한다네.
나는 육지 사람이라 듣고도 믿지 못하였는데
지금 제주에 와 남쪽 바다를 돌아다녀보니
성 동쪽에 2월 날씨도 화창한데

집집이 여자애들 물머리로 나온다.

호미 한 자루에 다래끼와 뒤웅박 하나씩 차고서

짧은 잠뱅이에 맨살 내놓고도 부끄러울 게 무엇이랴.

깊고 푸른 바다에 서슴없이 뛰어들어

마치 가을바람에 낙엽 떨어지는 듯하구나.

육지 사람은 놀라고 섬사람들은 웃는다.

물장구치며 서로 놀다가 파도에 몸을 싣고

오리처럼 자맥질하다가 어디로 사라졌나.

뒤웅박만 둥둥 물 위에 떠다니는구나.

푸른 물결 사이로 용솟음쳐 올라와

급히 뒤웅박 줄을 잡아당겨 뒤웅박에 오른다네.

일시에 휘파람 부르며 숨을 토해내니

그 소리 수궁까지 구슬피 들리겠네.

사람살이 생업이 어쩌면 이럴까.

너희는 업을 위해 죽음까지 가벼이 여기는가.

뭍에서는 농사짓고 누에 치고

산에 가면 나물 캔다는 걸 듣지 못하였는가.

세상에 바다만큼 위험한 곳은 없으니

물질 잘하는 사람은 100자 가까이 들어가는데

어쩌다 배고픈 이무기 만나 먹히기도 한다.

균역법5이 시행된 후로는 날마다 바치는 건 없어지고

관리들이 돈을 주고 전복을 사간다지만

팔도 진상품으로 서울로 올라가는 것이 하루에 몇 바리나 되
는지.
금관자·옥관자 벼슬아치들의 주방과 비단옷 입은 귀공자의 식
탁에 오르면
그들이 백성의 고통 어찌 알까.
겨우 한입 대보고는 벌써 상을 물리네.
잠녀야, 잠녀야.
너희 비록 즐거워 보여도 나는 슬프다.
어찌 남의 생명을 희롱하여 나의 뱃속을 채우랴.
슬프다, 나 같은 서생은 해주 청어 한번 먹기도 힘이 드니
아침저녁 해채 한 접시 얻으면 족하겠네.

  그는 제주도 해녀들이 줄줄이 뒤웅박 하나씩 차고 물에 뛰어드는
모습을 보고 놀라움을 감추지 못했다. 그들이 깊은 물속에 들어갔다
가 왕왕 이무기를 만나 목숨을 잃기도 한다는 말을 듣고 시인은 슬
퍼졌다. 그 힘든 노동으로 잡은 전복이 서울로 올라가 양반들 상에
오르지만 서울의 벼슬아치들이 그런 해녀들의 고통을 알 리가 없다
고 탄식했다. 겨우 한입 대보고는 물린다는 표현에서 상류층의 식
탁에서는 전복조차도 별로 귀한 음식이 아닐 정도로 진귀한 음식이
남아돌았던 것을 알 수 있다.
  신광수의 〈잠녀가〉에는 김춘택의 〈잠녀설〉에 나오는 가렴주구
에 대한 비판은 나오지 않는다. 균역법의 혜택을 본 것일까. 시에서

는 균역법 시행 이후로 날마다 바치는 건 없어졌고 관리들이 돈을 주고 사간다고 했다. 그래서인지 시 속의 해녀들은 밝은 모습으로 호미를 들고 뒤웅박을 하나씩 차고는 깊고 푸른 바다에 서슴없이 뛰어들어 서울에서 온 양반을 놀라게 했다.

4
스스로 개척한 운명

나는 관동의 봉래산 사람으로 스스로 호를 금원이라 하였다. 어려서 병을 자주 앓자 부모님이 가엽게 여겨 여자의 일을 시키지 않고 글자를 가르쳐주셨다. 나날이 듣고 깨우쳐 1년이 못 되어 경전과 역사에 대강 통하였다. 고금의 문장을 본받고자 생각하여 때때로 흥이 나면 꽃을 노래하고 달을 읊었다.

가만히 나의 인생을 생각해보니, 금수로 태어나지 않고 사람으로 태어난 것이 행운이었다. 오랑캐 땅에 태어나지 않고 우리 동방 문명국에 태어난 것도 다행이었다. 반면 남자로 태어나지 않고 여자가 된 것은 불행이다. 부귀한 집안에 나지 않고 한미한 집안에 태어난 것도 불행이다.

그러나 하늘이 내게 인仁과 지知의 성품과 눈과 귀를 주셨으니 산수를 즐기고 널리 보고 듣지 않을 수 있겠는가. 하늘이 내게 총명한 재주를 주셨으니 이 문명한 나라에서 어찌 할 일이 없겠는가. 여자로 태어났다고 장차 방안 깊숙이 문을 닫고 경법만을 지키며 사는 것이 옳은가. 한미한 집안에 났다고 분수를 지키면서 이름 없이 사라지는 것이 옳은가.

세상에 첨윤詹尹[6]의 거북이 없으니 굴원[7]의 점을 본받기는 어렵다. 그러나 그 말에 이르기를, "책략은 모자라는 바도 있고 지혜는 남는 바도 있으니 스스로 자기 뜻을 행하도록 하라"고 하였다. 그러니 나의 뜻은 결정되었다. 이제부터 결혼하기 전에 경치 좋은 강산을 돌아보고 증점曾點이 행한 '기수沂水에서 목욕하고 무우舞雩에 바람 쏘이며 노래 부르며 돌아오는 것'[8]을 본받고자 하니 성인도 마땅히 나에게 찬성하실 것이다.

마음을 이미 정하고 부모님께 여러 차례 간청하니 한참 후에야 겨우 허락하셨다. 이에 가슴이 확 트여 마치 매가 새장에서 나와 하늘로 치솟는 것만 같았다. 좋은 말이 굴레에서 벗어나 천리를 달리고자 하는 뜻이 있었으니, 그날로 남자 옷을 입고 행장을 꾸려 사군四郡을 향해 떠났다.

때는 경인년(1830) 춘삼월, 나는 바야흐로 열네 살이었다. 사내아이의 머리를 하고 가마 안에 앉았다. 가마는 푸른 실로 장막을 두르고 앞이 보이도록 하였다. 제천 의림지를 찾아가니 꽃들은 웃음을 머금고 풀잎은 안개 같았다. 푸른 잎이 돋아나는 청산이 사방을 에워싸고 있는 것이 마치 비단에 수놓은 장막으로 들어가는 듯하였다. 불현듯 가슴이 상쾌해지니 마치 폐부肺腑를 씻어 먼지를 닦아내는 듯하였다.

　의림지에 이르니 연못 주변은 20리 정도 되고 푸른 물은 맑고 밝아 촉나라 비단을 펼친 듯하였다. 푸른 부들이 수면 위로 솟아 잠겼다 떴다 하고 있었다. 늘어진 버들은 천 가지 만 가지로 반쯤은 물 가운데 들어가고 반은 땅에 끌렸다. 그 위로 한 쌍의 꾀꼬리가 왔다 갔다 하며 비단옷을 펄럭이며 지저귀었다. 백구는 사람을 보고 놀라 허공으로 날아올랐다. 나는 웃으며 장난스레 말하였다.

　"우리 노래에 '백구야 날지 마라. 너의 벗이 내 아니냐'라고 하였는데, 지금 나 또한 그렇게 말하고 싶을 뿐이다."

김금원의 《호동서락기》 앞부분이다. 《호동서락기》는 윗글에 나온 제천[湖]을 돌아본 후 동東의 금강산을 보고 후에 의주[西]와 서울[洛]에서의 유람과 견문을 적은 글이다. 김금원은 강원도 원주 사람으로 열네 살에 금강산을 유람하고 돌아온 뒤에 시랑侍郎 김덕희金德喜의 소실이 되었다. 금앵錦鶯이라는 이름으로도 불리었으며, 운초雲楚·경산瓊山·죽서竹西·경춘境春 등과 서로 시를 주고받으며 문학활동을 했다.

조선시대에 열네 살짜리 여자아이가 부모를 졸라서 여행을 한다는 것은 쉬운 일이 아니었다. 집이 가난해서는 더더욱 할 수 없던 일이다. 부귀한 집안이 아닌 한미한 집안 출신인 것이 자신의 불행이라고 한 것은 양반보다 지체가 낮은 집안이었음을 말해준다. 중인 계층이거나 서얼 집안, 또는 어머니가 기생이었을 수도 있다. 금강산행은 기생이 될 운명을 받아들이는 조건으로 얻어냈던 것인지도 모른다.

김금원은 운명에 순응하기보다 자기의 뜻을 행하는 것이 중요하다는 것을 말하려고 굴원의 고사를 인용했다. 굴원이 쫓겨난 지 3년이 지나도록 벼슬길이 막혀 있어 답답한 마음에 점을 잘 치는 첨윤을 찾아갔는데, 첨윤은 점괘로 세상일을 다 알 수 있는 것은 아니라며 당신의 마음으로 당신의 뜻을 행하면 된다고 했다. 첨윤이 마치 자기에게 말해주는 것처럼 여긴 김금원은 용기를 얻어 자신의 뜻대로 살기로 했다. 그러고는 부모를 설득해 의기양양하게 길을 나섰다.

자신의 산수 유람을 합리화하기 위해 《논어》를 인용하기도 했다. 공자의 제자들이 각자 자신의 뜻에 대해 이야기하는데 모두들 정치에 대한 꿈을 말한다. 오직 증점만이 자신은 아이들 몇과 기수에서 목욕하고 무우에서 바람 쐬며 노래하며 돌아오겠다고 하니 그 말을 들은 공자가 자신도 증점의 꿈에 동조하겠다고 했던 것을 언급한다. 그런 공자이니 금원의 꿈도 지지해주지 않을까.

"인자仁者는 산을 좋아하고, 지자知者는 물을 좋아한다"는 것 또한 공자의 말씀이다. 자신이 산을 좋아하고 물을 좋아하니 이는 인과 지의 성품을 타고난 것이란다. 당시의 다른 여자들처럼 여성의 도리라며 순종하고 사는 것을 거부하고 하늘이 부여한 총명한 재주를 썩히며 규방에 갇혀 살 수는 없다고 선언했다.

그렇게 힘들게 결심하고 어렵게 허락받아 떠난 여행이니만큼 눈에 보이는 광경 모두가 예사롭지 않았다. 자연의 모든 사물은 반짝거리며 빛나고 있고 심지어는 사람을 보고 놀라 날아가는 백구에게도 말을 걸고 싶어졌다. 금강산과 설악산을 두루 돌아본 뒤에는 서울에 도착해 관광을 했다. 곳곳을 돌며 감흥이 넘칠 때마다 한시를 지어 총명한 재주를 뽐냈다. 돌아와서 시를 잘하는 기생으로 이름을 얻고 저명한 문사들과 교유하는 시기를 거쳐 김덕희를 만났다.

을사년(1845)에 김덕희가 의주부윤이 되자 함께 가서 2년을 보내고 돌아왔다. 의주에서는 단지 경치와 유적지를 보는 것에 그치지 않고 내아內衙에 거하면서 청탁을 듣지 않도록 노비들을 단속하고 외부인과 접촉하지 못하게 엄칙하는 등 안방마님의 역할을 충실히 했다.

다시 서울로 돌아온 후 남편이 벼슬을 그만두고 은둔생활을 한 용산의 삼호정에서 시와 음악을 즐기며 지냈다. 함께한 운초 · 경산 · 죽서 · 경춘과 더불어 서로의 마음을 알아주고 도움이 되는 친구가 되어 거문고를 연주하고 시를 지으며 담소했다. 이들 가운데 경춘은 김금원의 동생으로, 김금원은 동생과 문장을 논하고 좋은 글을 읽으며 감탄하는 것은 다른 사람이 알지 못하는 즐거움이라고 술회했다.

《호동서락기》의 끝부분에는 부록으로 삼호정의 동인들이 글을 읽은 소감과 비평을 적어놓았다. 동생 김경춘이 가장 자세하게 문장 비평을 했고 그 끝에는 "후세 사람들이 과연 이 글을 읽고 내 언니를 알아주는 사람이 있을까"라고 탄식했다.

기생들은 양반들을 상대해야 하는 직업이므로 양반들과 수작할 수 있는 교양을 쌓았다. 음악은 물론이고 한시를 지을 정도의 한문을 익히자니 많은 지식을 갖추게 되었다. 미모를 겸비하고 대화가 통하니 그들을 '해어화解語花'라 불렀다. 말을 알아듣는 꽃이라니, 기생들은 자신들을 그렇게 불러주는 것을 좋아했을까.

───

6) 점을 치던 태복太卜 정첨윤을 말한다. 《초사楚辭》 〈복거卜居〉에 따르면 굴원은 마음이 어수선해 종잡을 수 없기에 정첨윤을 찾아갔다고 한다.

7) 중국 전국시대의 정치가이자 시인으로 초사楚辭 문학의 시조로 불리는 인물이다. 굴원의 〈이소離騷〉, 〈구가九歌〉, 〈천문天問〉 등은 초사를 대표하는 작품이다.

8) 증점은 증자曾子의 아버지다. 《논어》 〈선진先進〉에서 공자의 제자 증점이 자신의 뜻을 말하라는 공자의 명에 "늦은 봄날 봄옷이 이루어지거든 어른 대여섯 사람, 동자 예닐곱 사람과 함께 기수에서 목욕하고 무우에서 바람을 쐬고 시를 읊으면서 돌아오겠다"라고 했던 내용을 언급했다.

5
자신의 뜻대로 일생을 산 황진이

1522년 무렵, 송도에 이름난 기생 황진이라는 자가 있었다. 여자 중에 강개하고도 의협심이 있었다. 화담花潭 서경덕徐敬德 선생이 뜻이 높아 벼슬하지 않고 학문이 깊다는 말을 듣고 시험해보려고 하였다. 실띠를 매고 《대학大學》을 옆에 끼고 찾아가 절하고 말하기를 "제가 듣기로 '남자는 가죽띠를 매고 여자는 실띠를 맨다' 하기에 저도 학문에 뜻을 두었으므로 실띠를 매고 왔습니다"라고 하였다. 선생은 웃으며 그를 가르쳐주었다. 진이는 밤을 틈타 선생을 가까이 유혹하려 하였으나 몇 날이 지나도 선생은 끝내 흔들림이 없었다.

진이는 금강산이 천하제일 명산이라는 말을 듣고 한 번 가보기를 원하였으나 함께할 사람이 없었다. 이때 재상의 아들인 이생이라는 자가 있었는데 사람됨이 호방하고 욕심이 없어서 이런 외유를 함께할 만하였다. 진이는 이생에게 조용히 말하였다.

"제가 듣기에 중국인들은 조선에 태어나 금강산 구경 한 번 하는 것이 소원이라 합니다. 우리는 이 나라에 태어나 신선의 산이 지척에 있는데도 그 진면목을 보지 못해서야 되겠습니까? 제가 우연히도 당신과 짝이 되었으니 신선놀음을 함께 가십시다. 산과 들에서 입는 소박한 차림으로 그 명승지를 보고 온다면 얼마나 즐거울까요."

그러고는 이생에게 종들도 따라오지 못하게 하라 하고는 베옷과 초립을 쓰고 직접 양식을 지고 가게 하였다. 진이는 송락을 쓰고 갈삼을 입고 짚신을 신고 죽장을 짚으며 금강산으로 들어갔다. 깊은 산까지 가지 않은 데가 없었다. 여러 절에서 걸식하기도 하고 혹 자기 몸을 팔아 승려에게 양식을 얻기도 하였으나 이생은 탓하지 않았다.

두 사람은 숲 속을 멀리 걸어 다니느라 매우 지쳤고 얼굴도 예전의 얼굴이 아니었다. 한곳에 다다르니 시골 선비 10여 명이 시냇물 위 송림 사이에 모여 술을 마시고 있었다. 진이가 그 앞에 나아가 절을 하니 그들이 술을 권하였다. 사양치 않고 마시고 노래를 불렀다. 노랫소리가 맑고 뛰어나 숲과 골짜기에 울려 퍼졌다. 여러 선비들은 놀라며 술과 안주를 권하였다. 진이는 "제게 종이 하나 있는데 기갈이 심하니 남은 음식을 먹게

해주시면 감사하겠습니다"라고 하고는 이생을 불러 술과 고기를 주었다.

이때 두 사람의 집에서는 그들이 어디로 갔는지 몰라 찾고 있었다. 한 해가 넘도록 자취조차 찾지 못하고 있는데 다 떨어진 옷에 검게 그을린 얼굴로 돌아왔다. 이웃사람들도 모두 깜짝 놀랐다.

선전관 이사종李士宗은 노래를 잘 불렀다. 한번은 사신으로 송도를 지나다가 천수원 냇가에 말을 쉬게 하고는 갓을 벗어 자기 배 위에 얹어놓고 누워서 노래 두세 곡을 불렀다. 마침 진이도 그곳에서 말을 쉬게 하다가 귀를 기울여 그 노래를 들었다. 노래 곡조가 매우 특이하고 뛰어나므로 당대 절창인 이사종일 것이라 짐작하였다. 종을 보내 알아보니 정말 이사종이었다. 이에 두 사람은 가까이 자리를 옮겨 이야기를 나누었다. 둘이 함께 진이의 집으로 가서 며칠을 머물렀다.

진이는 "앞으로 6년 동안 함께 삽시다"라고 하더니 다음날에 3년 지낼 살림살이를 이사종의 집으로 옮겼다. 그의 부모를 섬기고 처자를 돌보는 모든 비용을 스스로 대고 자신은 간편한 옷을 입고 첩으로서의 예를 다하였다. 사종의 집에서는 조금도 비용을 쓰지 않게 하였다. 3년을 그렇게 한 뒤에는 사종이 진이의 집에 똑같이 하여 먹여 살렸다. 그런 지 3년이 되자 진이는 약속한 기한이 다되었다며 하직하고 떠나갔다.

후에 진이가 병들어 죽게 되자 식구들에게 말하였다.

"내가 살았을 때 번화한 것을 좋아하였으니 죽어서도 나를 산골짜기에 묻지 말고 큰길가에 묻어주오."

지금 송도의 한 길가에 그녀의 무덤이 있다. 임제林悌가 평안도사가 되어 송도를 지나는 길에 그녀의 무덤에 제문을 지어 바쳤다가 마침내 조정의 비판을 받았다.

유몽인柳夢寅이 《어우야담於于野談》에 남긴 황진이에 관한 이야기다. 황진이에 대한 전설은 이외에도 여러 문헌에 전하고 있으나 후대로 갈수록 항간에 떠돌던 설화에 의존한 내용들이 많아서 신빙할 만하지는 않다.

우선 그녀가 기생이 된 이유를 말하는 개성지방의 전설은 이러하다. 황진이가 열다섯 살 무렵에 이웃에 그녀를 짝사랑한 서생이 있었다. 혼자 짝사랑하다가 그만 상사병에 걸려 죽고 말았다. 운구 행렬이 황진이의 집 앞에 이르렀는데 관을 실은 수레를 끌고 가는 말이 움직이지 않았다. 황진이가 평소에 입던 속적삼을 내주어 관위에 놓자 비로소 그 말이 움직였다. 그리고 황진이는 기생이 되었다.

허균許筠이 남겨놓은 《성옹지소록惺翁識小錄》에는 "진랑은 개성 맹인의 딸이다. 성품이 얽매이지 않아서 남자 같았다"라고 했다. 이덕

형李德馨의 《송도기이松都記異》에는 황진이의 부모에 대한 언급이 나온다. 어머니는 현금玄琴이라 했는데, 나이 열여덟에 병부교 아래에서 빨래를 하다가 지나가던 멋진 남자와 눈이 맞아 진이를 낳았다고 했다. 남자와 눈이 맞았으니 허균의 기록처럼 맹인은 아니었을 것이다. 아름다운 어머니와 잘생긴 아버지 사이에 태어난 황진이가 이웃총각이 반할 만큼 아름다운 미모를 타고났던 것은 당연한 일이다.

《어우야담》에 소개한 내용에는 네 남자가 등장한다. 첫 번째는 황진이의 유혹에 넘어가지 않은 서경덕이다. 황진이가 신분이 천한 여자임에도 제자로 받아들여 가르침을 주었다. 두 번째는 재상의 아들인 이생이다. 금강산을 가고 싶은 황진이에게 선택을 받았다. 종도 데려가지 않고 초립을 쓰고 직접 양식을 지고 갔다. 신선놀음을 가자는 황진이의 꼬임에 넘어갔지만 이생 자신도 자유로운 영혼을 지닌 남자였을 것이다. 세 번째는 예술적 동지인 이사종이다. 그녀는 노랫소리만 듣고도 당대의 절창인 이사종일 것이라고 짐작하고 만나서 많은 이야기를 나누었다. 며칠 동안으로는 부족했던지 황진이가 먼저 제안해 6년 동안 동거하기로 했다. 3년은 황진이가 모든 부담을 지고 이사종의 집에서 살고, 나머지 3년은 이사종이 거꾸로 황진이의 집을 먹여 살리는 계약동거였다. 계약만료가 되자마자 미련없이 떠났다. 황진이의 절창으로 꼽히는 다음의 시조가 이사종을 그리워 지은 시라고 전하기도 한다.

동짓달 기나긴 밤을 한 허리를 버혀내어

춘풍이불 아래 서리서리 넣었다가
어룬님 오신 날 밤이여든 구뷔구뷔 펴리라

　세 남자는 황진이가 생전에 만나본 사람들인 데 비해 마지막에 등
장하는 임제는 살았을 때 만나지 못한 아쉬움을 달래느라 무덤 앞
에서 그 영혼을 위로하다가 양반들에게 욕을 먹었다. 서도병마사가
되어 임지로 가는 길에 들렀던 것인데, 부임하기도 전에 파직을 당
했다고 전한다. 다들 황진이를 흠모하고 그녀의 시조를 감탄하며 부
르면서도 양반이 기생 무덤 앞에 가서 애도하는 것은 양반의 체통을
무너뜨리는 행위라고 비난했던 것이다. 그런 양반들의 통념을 모르
지 않았을 텐데도 호방한 성격의 임제는 황진이의 무덤 앞에 가서
시조를 읊으며 잔을 올렸다.

　청초 우거진 골에 자는다 누웠는다.
　홍안은 어디 두고 백골만 묻혔는가.
　잔 잡아 권할 이 없으니 그를 설워하노라.

　비록 벼슬은 파직당했으나 임제가 남긴 이 작품은 영원히 남아 우
리의 마음을 움직인다.
　다른 기록에서는 종친의 신분인 벽계수碧溪水를 무너뜨린 일화와
생불로 일컫던 지족선사知足禪師를 파계시킨 이야기 등이 적혀 있어
황진이의 명성을 말해준다. 여러 이야기 가운데 소세양蘇世讓의 일화

가 재미있다. 소세양은 황진이의 명성을 듣고 친구들에게 "황진이가 절색이라고 하지만, 나는 그녀와 30일만 같이 있다가 깨끗이 헤어질 것이다. 하루라도 더 머문다면 내가 인간이 아니다"라고 큰소리를 치고 황진이를 만나러 갔다.

30일을 약속하고 함께 지낸 마지막 날, 황진이가 〈여소세양與蘇世讓〉이라는 시 한 수를 소세양에게 건네주었다.

> 달빛 아래 오동잎 다 떨어지고
> 서리 내린 들국화는 노랗게 피었네.
> 누각은 높이 하늘에 솟아 있고
> 사람은 석잔 술에 취해 있네.
> 흐르는 물은 거문고에 화답하여 차갑고
> 매화는 피리 소리 따라 향기롭네.
> 내일 아침 서로 이별한 후
> 그리움은 푸른 파도와 같이 길어지리.
>
> 月下梧桐盡 霜中野菊黃 樓高天一尺 人醉酒三觴. 流水和琴冷 梅花入笛香 明朝相別後 情與碧波長.

그 시를 읽고 난 소세양은 인간이 아니라고 해도 좋다며 더 머물렀다. 이와 같은 일화와 함께 남아 있는 시는 이 시를 비롯해 한시 4수와 시조 6수가 전한다. 황진이의 문학적 성취는 이렇듯 대단한데 남아 있는 작품은 그다지 많지 않아 아쉽다.

168

6
난리 속에도 흔들리지 않는 평정심

병자년(1636) 12월 17일.

날이 새도록 길을 가니 서리와 눈이 말 위에 온통 얼어붙었다. 청호淸湖9 큰길에 다다르니 군병이 오른다고 하므로 청호 작은 길로 오다가, 길을 잘못 들어 걸어오던 두 집의 종 여덟 명과 난추와 천남이를 잃고 아침이 되도록 찾지 못하였다. 길마다 피란하는 사람들은 무궁하고 길이 여러 방향으로 났으니 어디로 갔는지를 몰라서 온 집안사람들이 발을 동동 구르며 애를 썼다. 마을에 들어가 아침밥을 먹고 종들을 다 흩어서 찾으나 찾지를 못하니 갑갑하고 민망하기를 어찌 다 말하랴.

그렇게 하다보니 청풍淸風10으로 가는 길은 늦어가는데 주인이 복명하기를 도적이 벌써 그쪽 방향으로 갔다고 하니 그쪽으로는 갈 엄두도 내지 말라고 하거늘 진위振威[11]의 감찰監察댁[12]을 찾아 들어가니 시간은 이미 한낮이 지났다. 잃은 사람들을 아직까지 찾지 못하여 우리 행차가 거기에 들고 그쪽 사람들이 모두 나서서 잃어버린 사람들을 찾아왔다. 저희도 밤이 새도록 길을 가서 아침밥도 먹지 못하고 행차와는 헤어졌으니 애가 타서 진위 고을 앞까지 갔다고 하였다. 잃었던 사람들을 찾았으나 시간은 벌써 저녁때였다. 날이 저물었으니 서로 애를 쓰며 지내고 청풍으로 가는 것은 이미 틀렸다고 하여 감찰댁 일행과 함께 피란하기로 하였다.

정축년(1637) 1월 17일.

아침에 물가에 내려 대를 가리고 지어간 찬밥을 일행이 몇 순가락씩 나누어 먹었다. 충이와 어산이가 연장도 없이 대나무를 베는데 가까스로 두 칸 길이의 집을 지었다. 문 하나를 내어 제 비둥지만한 조그만 움을 묻고 생 대나무잎으로 바닥을 깔고 댓잎으로 지붕을 이어서 세 댁의 부녀자 열네 명이 그 안에 들어가 지내고, 종들은 대나무를 베어 움막을 만들어 서로 의지하고 지내나 물 없는 무인도라 대숲에 가 눈을 그러모아 녹여 먹었다. 당진에서 축이 몹시 아파 오지 못하고, 조리하고 오위장에서 양식을 찧어 날라다가 바닷물에 대충 씻어 밥을 하였다.

피란을 온 사람들이 모두들 거룻배를 타고 나가 물을 길어오되, 우리 일행은 거룻배도 없고 그릇도 없으니 한 그릇의 물도 얻어먹지 못하였다. 그런 중에도 밤낮으로 임금과 남편이 있는 산성을 바라보고 통곡하고 싶을 뿐이었다. 마음속으로 참으며 날을 보내니 살아 있을 날이 얼마나 되랴. 그래도 질긴 것이 사람 목숨인 줄을 알지 못하겠구나. 한번 일에 한 자식을 다 없애고 참혹하여 서러워하더니 지금은 다 잊고 오직 산성을 생각하는가. 망국亡國 중에 나라가 이렇게 된 일은 부녀자가 알 일이 아니지만 어찌 통곡하지 아니하리오.

정축년 12월 26일.

늦게 눈이 왔다. 꿈에 또 영감을 뵈옵고 밤이 깊도록 기운이 편치 않아 누웠더니 불을 켜놓고 기운도 편치 않고 잠도 못 자 앉으락 누으락 하다가 초경 말에 천남이가 돌아오니 그리로 가 무사히 다녀온 일과 영감 평안하시더냐는 그 말을 목이 메고 눈물이 흘러 제대로 묻지 못하였다. 기운이 그만이나 하시더라 하니 그지그지 없사오나 수이 나오실 기한이 없으니 가엾어 하노라. 아들자식일새 그리 가 뵈옵고 오니 귀하여 하노라.

무인년(1638) 6월 2일.

아침에 흐리다가 식후에 비가 왔다. 두못개에 배가 닿았다. 두림斗臨과 한유달과 남두성이 배에 나가니 비가 내리기 시작하였다. 가까스로 배에 내려 신주를 모시고 집에 들어왔다. 영감을 뵈옵고 일가 모든 이 기운이 그만하시니 온 집안에 이런 경사가 없다. 6년 만에 내 집에 돌아오니 아기네 있던 종적을 보는 듯 반갑고 설운 정을 어디다 비교하리. 요사이는 하도 번잡하여 기록을 하지 못하겠다.

경진년(1640) **1월 11일.**
아침에 흐리다가 늦게 눈이 왔다.

천남이 어미가 오시에 아들을 낳았다. 영감 마음이 우쭐우쭐하시다. 나는 어쩌된 팔자가 딸 하나와 아들 넷을 낳아 종적도 없이 되었는가. 나이가 많아지고 병이 드니 더욱 설워하노라. 며느리가 가니 더욱 울적하다.

모레 증조부 기제사에 쓸 제물을 유생원 댁으로 차려 보냈다.

경진년 3월 11일.
맑음. 날이 밝기 전에 옥에 갇힌 분들을 보러 갔다.

오늘 인사에서 대사헌에 임명되시니 전에는 대사헌이 민망하더니 이번에는 이런 시원한 일이 없다. 비록 직위로는 형조판서보다 아래이나 편안함이 많은 자리이니 기쁘기 한량없다. 모두들 치하하러 오셨다. 아직은 질자質子 보내는 것을 면하나 어찌 되려는가 한다.

남평 조씨가 쓴 《병자일기丙子日記》의 일부분이다. 남평 조씨는 인조 때 좌의정을 지낸 남이웅의 부인이다. 청나라의 공격을 받아 인조 가 남한산성으로 피난했을 때 남이웅도 인조를 호종해 남한산성으 로 들어갔다. 남이웅이 집으로 보낸, 빨리 청풍으로 피난을 가라는 내용의 편지를 받고 피난길에 오른 날부터 4년에 걸쳐 일기를 썼다.

병자년에 청나라가 쳐들어왔을 때 조씨의 나이는 예순셋이었다. 늙은 나이에 그것도 가장 추운 한겨울에 피난길에 오른 황망한 모 습을 자세히 그리고 있다. 피난에 나서자마자 첩의 아들인 천남이 와 종들을 잃어버리고 종일 서로 찾느라 고생하다가 저녁 무렵이 되어서야 겨우 찾았다. 길에 피난민들로 가득한 전쟁통이라 이산가 족이 될 뻔한 사연을 필두로 앞날을 알 수 없는 고생길에 들어섰다.

이후 물도 없는 무인도에서 고생스러운 피난살이를 겪은 일이 자 세하게 서술되어 있다. 남들은 거룻배라도 있어서 나가 물을 구해오 기도 하지만 일행은 눈을 녹여 겨우 먹었다. 고생과 참담함은 이루 말 할 수 없었다. 오직 남편이 있는 남한산성을 향해 통곡할 뿐이었다.

그 후 천남이를 서울로 보내어 알아보니 이미 인조는 항복을 하 고 전쟁이 끝나 있었다. 소현세자昭顯世子와 봉림대군鳳林大君이 심양 으로 끌려갈 때 남편은 재신宰臣으로 세자를 보필하기 위해 심양으 로 떠났다.

심양에 간 남편이 가끔 보내오는 편지로 소식을 전하기는 했지만 일기에는 남편이 꿈에 나타났다는 기록이 수없이 많이 나온다. 그 때마다 영감이 돌아오는 징조인가 하며 기대를 하지만 1년 반 동안 남편은 돌아오지 못했다. 중간에 서자인 천남이가 심양으로 아버지를 만나러 갔다가 돌아왔다. 남편의 안부를 묻기도 전에 목이 메고 눈물이 흘렀다.

그렇게 아내는 하염없이 남편을 기다리면서 집안 대소사를 이끌어나가는 중심 역할을 했다. 제사를 받드는 일과 손님을 접대하는 일, 농사짓는 일을 감독하고 종들을 부리는 일 등 많은 일상사를 날짜별로 기록했다. 혼례를 치르기도 하고 장례를 치르기도 하며 시시때때로 제사를 지내기도 했다.

남편이 돌아온 무인년 6월 2일 이후에는 "주위가 어수선해 다 기록하지 못하겠다"라는 언급이 자주 나온다. 밀려드는 손님을 감당하기에 너무 벅차서 일기를 쓸 겨를도 없었던 것이다.

일기를 쓴 마지막 해인 경진년에 남평 조씨의 나이는 예순일곱이었다. 예순여섯인 남편이 천남이 어미인 첩에게서 아들을 보았다. 늦둥이를 본 남편에 대해 "영감 마음이 우쭐우쭐하시다"라고 표현한 아내는 그 글에 많은 말을 함축해놓았다.

낳은 자식들을 모두 먼저 보내버린 자신의 신세를 생각하며 우울해했다. 일기에 보면 죽은 아들과 며느리의 생일에 다례茶禮를 올렸다는 기록이 보이는데 그런 날에는 자식들 생각에 더욱 마음이 아팠다.

마지막 일기는 전쟁이 끝난 지 3년이나 되었으나 여전히 고위 관료의 아들들을 청나라에 인질로 보내야만 하는 상황을 보여주고 있다. 대사헌이라는 자리가 전에는 민망한 자리였는데, 그 당시에는 인질을 보내지 않아도 되니 그렇게 좋을 수가 없었다.

이전의 자리인 형조판서를 지낼 때는 서자인 두림을 질자로 보내기로 되어 있었다. 비록 서자이지만 아들 못지않게 의지하고 그 아이도 자신을 단지 적모嫡母로만 여기지는 않을 텐데 늘그막에 먼 이국땅에 보내버리면 다시 볼 수 있을지 자신이 없었다. 그래서 조씨는 판서보다 낮은 대사헌에 임명된 것이 기쁘기 그지없었다.

그러나 다음 달에 남이웅이 예조판서에 임명되어 두림은 심양으로 떠나갔다. 남이웅의 아들은 적자가 없어서 서자를 보낼 수밖에 없었으나 다른 대신들은 몰래 적자 대신 서자를 보냈다. 그 사실이 청나라에 발각되어 최명길崔鳴吉·이경석李景奭·홍보洪寶·남이공南以恭 등이 파직·투옥되었다. 그 사실을 기록하며 조씨는 "이런 일이 옛날에도 있었던가"라며 슬퍼했다.

상당히 높은 관직을 지낸 상류층 가문의 일원임에도 역사의 소용돌이 속에서 많은 풍랑을 겪었다. 그 풍랑 속에서도 그녀가 기록한 일기가 아니었다면 친척들과 화목하고 아랫사람에게 따뜻하고 다정다감했던 남평 조씨의 일생을 우리가 짐작이나 할 수 있었을까. 이 일기는 원래 충청남도 공주에 있는 남산영당南山影堂에 보관하고 있었으나 후손들이 기증해 공주박물관에 소장되어 있다.

---

9) 경기도 진위군 일북면.
10) 충청북도 제천시.
11) 경기도 평택시 진위면.
12) 감찰은 조선시대 사헌부의 정6품 벼슬을 뜻한다. 감찰댁은 작자의 남편 남이웅의 생가 동생인 이걸以傑의 아들 남두화南斗華를 일컫는다.

제4장

여자의 빛나는 지혜

무릇 과거시험 공부와 의리를 공부하는 학문은
오직 자기를 위한 공부인지 남을 위한 공부인지의 차이가 있다.
온전히 마음을 바르게 하고 수신하는 도에 마음을 쓰지 않고
오직 외우는 것만 힘쓰고 표절을 공교롭다고 여기며
이익이 되는 일에만 마음을 쓰느라 성명性命의 바름을 결딴내는 일을
깊이 경계하여야 할 것이다.

-

정정당情靜堂 황씨, 《정정당일고情靜堂逸稿》

1
다른 것이 틀린 것은 아니다

여기는 별고는 없으나 어미도 성하지 않고 해출이도 썩 낫지 않으니 민망하다. 나는 점점 현기증이 심하고 온몸이 모두 아파 괴롭다. 내 비록 목석같으나 문득 네가 뒤에서 부르는 듯 앞에서 웃는 듯하구나. 좁던 방도 넓어 보이고 모진 잠이 넋을 빼앗아 혼몽 중에 이불을 끌어올려 너를 꾸짖으며 덮어주려고 하다 깨어 생각하면 그 서운함을 어찌 참으리오. 좌우 수족을 동여맨 듯 이목의 총명을 가린 모양이니 이것이 다 내가 죄가 많아 오래 산 연고로다.

그윽이 할미를 생각하는 정이 있거든 돌려 시부모께 옮겨 온화하고 공손한 낯빛으로 대소사를 취품하여 존명대로 받들고 따르도록 하여라. 이는 부녀의 도리요, 혹시 남이라도 크게 그

룻하게 여기지 아니하면 자연히 친정부모께 또한 효녀가 되느니라.

......본디 봉제사하는 법은 의례대절儀禮大節이 다 같으나 혹시 가례家禮가 조금씩 다르기도 하고 또 풍양 조씨 너의 집의 제사 지내는 법과 아주 많이 다른 일이 있는지라 네가 철없이 이 근래 겨우 반갱행사飯羹行祀하기도 형용을 차리지 못하고, 네 부친 혼자서 지내는 모양만 보았으니 무엇을 알겠느냐. 제 불찰이기와 지내는 절목節目을 고요히 보고 배워 추호라도 어기지 마라. 혹시 처음 보는 게 있어도 이상하게 여겨 수다스럽게 묻지 말고 어느 날이 제삿날인 줄 들어보아 빨래하여 입고 극진히 조심하여 차리는 것을 정결하게 하되 또 먼저 맛보지 마라. 제사를 마친 후 물러나 네 방에 돌아가 의관을 고치고 다시 존전을 모셔 엄복범절을 살펴 명하시는 대로 각별히 조용히 하고 마음을 놓지 마라. 가중대절家中大節이요, 여자의 막중집사니라. 혹시 네 집에서 보지 못하여 모르는 일이 있어도 헛되이 웃고 괴상하게 알지 말고 성음을 낮추어 조용히 존전에 취품하여 수선스레 굴지 마라.

......여편네 잠자기도 어렵지 않으랴. 일 없다고 낮에 누웠으니 뉘 눈에 아니 뵐까. 누워 빈둥거리니 잠이 어찌 아니 오리. 여자의 낮잠이 해연하고, 잠든 사이에 무슨 일이 어찌 된 줄 알리. 남더러 물어보면 비웃고, 있던 것 없어지기도 쉬우니 그 아니 딱하리. 명심코 병들지 않으면 낮에 누워 놀지 마라.

밤을 당하나 잠들면 아는 것이 없는지라. 바쁜 일을 할지라도 잠깐이라도 더러워질까 치워 덮어두고 잘 것이요, 자리와 베개를 바로 하고 이불을 덮어 몸을 가리고 문을 단단히 걸고 자야 하는 것이다. 비록 날이 더운 때라도 문을 열고 자다가 혹시 어른들이 보시는 것도 조심할 것이요, 또 흉한 도적도 무서운지라. 밤 되어 잠든 때나 아니 자는 때나, 군자가 와서 문을 열라 하여도 그 음성과 형용을 자세히 알고 열어 들어오시게 하되, 옷끈과 머리를 가지런히 한 후에 말해야 한다. 본디 여자는 죄 많은 물건이라 옷 벗고 자다가 군자에게 뜨이면 비록 정중한 부부 사이라도 여자에게 염치 그렇지 못할 바요, 군자 무지간 그릇하게 여기니 두렵지 아니하랴.

"김실金室에게"로 시작하는 이 글은 손녀에게 보내는 할머니의 편지 글이다. 할머니는 안동 권씨로 19세기 문인인 권용정의 딸이며, 손녀는 연안 김씨에게 시집간 조희구趙熙九다. 손녀는 태어난 다음 해에 모친을 여의고 할머니 손에 자랐다. 계모가 들어왔으나 할머니가 친정어머니의 역할을 했을 것으로 짐작된다. 그런 손녀가 열다섯 살이 되어 시집을 갔다.

편지는 책 한 권 분량으로, 손녀의 생일을 맞아 쓰기 시작해 40여 일 동안 썼던 것이다. 앞부분에는 손녀를 시집보내고 그리운 마음을 절실하게 표현했다. 뒤에서 부르는 듯 앞에서 웃는 듯 손녀의 모습이 어른거릴 뿐 아니라 밤에는 혼자 자면서 문득 전에 하던 대로 손녀의 이불을 끌어올려 덮어주다가 손녀가 곁에 없다는 것을 깨닫고는 한없이 서운해했다.

그러나 그리운 마음을 돌려, 손녀에게 시부모께 잘해드리고 남들의 인정을 받으면 그게 곧 친정부모에게도 효도하는 길이라며 타일렀다. 시집간 딸이 잘못하거나 며느리로서의 의무를 다하지 않으면 그것은 친정부모를 욕보이는 것이다. 그렇기에 집안의 명예가 손녀딸의 행동 하나하나에 달려 있다고 해도 과언이 아니다.

제사를 모시는 방식은 집안마다 다르므로 본가인 풍양 조씨네 집과 다르다고 해서 수다스럽게 묻거나 웃지 말아야 한다고 당부했다. 사실 제사뿐 아니라 사소한 것까지도 친정과 시집은 다르게 마련이다. 다르다는 것을 인정하고 받아들여야지 자기네 방식이 옳고 다른 집 방식이 틀렸다고 생각하면 갈등이 생긴다. 그동안 본 것이라고는 친정에서 지내는 제사뿐인데 그와 다른 시댁의 방식을 틀린 것으로 규정해버린다면 앞으로 시댁에서 적응해가야 할 손녀만 힘들게 될 것이다. 그러니 할머니는 손녀가 시댁의 방식이 자연스레 몸에 익을 때까지 조용히 어른들의 제사 지내는 것을 보고 배워서 체득할 것을 주문했다.

시집에서 해야 할 행실을 구체적으로 적어 타이르는 구절에 이르면 어린 손녀를 시집보내고 마음이 놓이지 않는 할머니의 심정이 느껴진다. 낮잠을 자서는 안 된다는 것과 밤에 잘 때도 정리하고 난 뒤 문을 단단히 걸고 자라는 당부를 조곤조곤 타이르듯이 적어나갔다.

딸을 시집보낼 때 양반가문에서는 〈계녀서戒女書〉를 써 보내며 딸이 시집살이에서 지켜야 할 것을 명기했는데, 송시열의 〈계녀서〉가 원조 격이다. 남자들이 쓴 〈계녀서〉는 시집가서 지켜야 할 시부모 모시는 법과 제사지내는 법 등을 교과서처럼 나열하고 있다. 항목을 나누어 서술하면서 '~하라', '~하지 마라'와 같이 단정적인 표현에 명령하는 말투로 적혀 있다. 그에 비해 이 글은 마치 마주 보고 이야기하듯 다정한 말투로 생활의 전반적인 지침을 전해주고 있다. 구체적인 체험에서 우러나온 내용이어서 훨씬 설득력이 있다.

2
세상물정 모르는
아들을 향한 당부

너를 떠나보내니 우리 모자가 처음으로 멀리 떨어져 지내는구나. 잊지 못하는 마음은 말로 일러 알 일이 아니니 다시 적지 않는다. 너는 나의 외아들로 길러온 환경이 곤궁한 사대부 집과는 달리 아무런 부족함도 없이 잘 자랐다. 그러다 보니 세상물정을 알지 못하여 양반의 글이 귀하여 예의염치가 중한 것을 아직도 네가 알지 못한다. 벌써 나이가 열세 살이 되니 아내를 맞아 어른이 될 날도 머지않았다. 어미를 그리워하는 정은 생각지 마라.

스승이란 하루를 배워도 종신토록 공경하는 것이니, 스승을 공경하고 조심하여라. 버릇없고 상스러운 말을 하여 잘못된 사람으로 여기지 않게 하여라. 마음을 쏟아 착실히 배워 선비의 도를 잃지 않는 것이 자식의 효도다. 네가 용백고龍伯高와 두계량杜季良을 알 것이니 집에서 내게 응석부리던 버릇을 하지 말거라. 온순하고 자연스러운 태도로 말하는 것과 걷는 것을 천천히 하여 부디 네 성급한 성품을 가다듬어 고치기를 바란다.

편지에 네가 앓는다 하였는데 어디를 어떻게 앓고 있느냐. 염려스러운 마음이 놓이지 않는다. 내년 이맘때에 모자가 건강히 만나보기를 기다린다. 행여 술을 먹을 일이 있을지라도 절대로 술은 먹지 마라. 음식은 식성에 맞게 하더냐. 잡것 들여서 허비하여 먹지 마라.

내 병이 여러 날 이렇고 유모가 지금까지 낫지 못해 행전을 보내지 못하니 후에 보내마. 날씨가 추운데 몸조심하여 잘 지내라. 네 언사가 심히 태평하다. 영감이 지방 순시를 떠났다는 말도, 있다는 말도 없구나. 네 편지 두루 다 전하고 이 무궁한 잡스러운 편지는 미처 전하지 못한다. 신 첨지僉知[1]는 네 스승인가 싶으니 이제 전하여 답장을 받은 뒤 다음 인편에 그 답장을 보내마. 내 말을 부디 잊지 말고 이 어미가 그리워 삼삼하여도 글말이나 묻고 제기를 차며 걱정거리가 될 짓은 부디 그치기를 바란다. 어미 편지를 모아 간수하고 잃어버리지 마라. 연하여 잘 있거라.

갑신년(1704) 9월 30일

모母

맹만택孟萬澤의 부인 완산 이씨가 아들 맹숙주孟淑周에게 보낸 편지
다. 황해도에 부임한 아버지를 따라 열세 살 먹은 외아들이 어미를
떠나갔다. 아들이 그리운 마음은 이루 다 표현할 수가 없지만 보고
싶은 마음을 감추고 아들에게 이런저런 당부를 편지로 써서 보냈다.

《후한서後漢書》〈마원전馬援傳〉에 나오는 일화를 빗대어 용백고와
두계량을 알 것이니 응석 부리지 말고 공부를 열심히 하라고 일침
을 놓았다. 후한 광무제光武帝 때의 명장名將인 마원馬援의 조카들은
남을 비판하고 논평하기를 즐기고, 경박하고 호협한 사람들과 사
귀기를 좋아했다. 변방에 있던 마원은 조카들에게 편지를 보내 자
신이 애지중지하던 두 사람을 예로 들어 올바른 처신을 당부했다.

용백고는 후덕하고 치밀하고 근신해 입에 가릴 말이 없는 사람이
었다. 반면 두계량은 좋은 사람이든 나쁜 사람이든 구별하지 않고
모두 잘 사귀었다. 그의 아버지 초상에 문상객들이 여러 고을에서
구름처럼 몰려왔다. 마원이 조카들에게 "용백고를 본받다가 그리되

지 못하더라도 오히려 삼가고 조심스러운 선비가 될 것이다. 반면에 두계량을 본받다가 그리되지 못하면 천하의 경박한 사람으로 전락할 것이다"라고 했다. 이 어머니는 아들에게 용백고처럼 근신해 조심스러운 선비가 되라는 말을 하기 위해 이렇게 운을 뗐던 것이다.

아버지 맹만택은 열세 살에 현종의 딸인 명선공주明善公主와 결혼하기로 되어 있었다. 길일을 택해 날짜까지 잡았으나 모친상을 당하는 바람에 결혼이 미루어지고 그사이에 공주가 세상을 떠나고 말았다. 앞서 언급했듯이, 조선시대에는 공주와 결혼식을 올린 뒤 공주가 죽었다면 일생을 홀아비로 살아야 하는 법도가 있었다. 맹만택이 명선공주와 식을 올렸다면 법도에 따라 아들은 세상에 태어나지 못했을 것이다. 힘든 과정을 거쳐 완산 이씨와 결혼하게 되었고, 맹숙주는 그렇게 얻은 1남 7녀 가운데 외아들이다. 열세 살 먹은 아들에게 너도 곧 아내를 얻어 어른이 될 날이 머지않았다고 주의를 주지만, 아들은 아직 제기를 차고 실컷 놀고 싶은 나이의 어린아이다.

이 아들은 스물여섯 살이 되던 1717년 식년시에 3등으로 급제했고 김엽金燁의 딸에게 장가들어 지대至大라는 아들을 두었다.

---

1) 조선시대 중추원에 속한 정삼품의 무관을 뜻하는 말이나, 나이 많은 남자를 이르는 말로 쓰기도 한다.

2
부모가 기뻐하면
그것이 곧 효다

여섯째를 통해 네가 술을 많이 마시고 얼굴이 수척해졌다는 말을 들었다. 걱정이 말할 수 없을 만큼 크다. 너는 부모의 마음을 유념하면서 안정하고 병 조리를 잘하여라. 부모가 기뻐하면 그게 효인 것이다. 학문을 하여 천하의 그릇이 되려무나.

무신년(1668) 2월 2일
언문편지로는 너의 믿음을 얻지 못할까 하여
한문으로 써 보낸다.

정부인 안동 장씨가 맏아들 이휘일李徽逸에게 쓴 편지다. 안동 장씨
는 장흥효張興孝의 무남독녀로 태어나 열아홉 살에 이시명李時明에게
시집갔다. 이시명은 장흥효의 제자로 첫 부인과 사별하고 장씨와 혼
인했다. 장씨는 아들 여섯과 딸 둘을 낳았다. 맏아들 이휘일과 둘째
이현일은 모두 성리학자로 이름이 났으며 이현일이 후에 현달해 어
머니 안동 장씨는 정부인 칭호를 받게 되었다.

이렇게 현모양처로서의 역할을 훌륭하게 하면서 동시에 친정도
정성껏 보살폈다. 시집온 지 몇 년 만에 어머니가 돌아가시자 혼자
남은 아버지가 재혼할 때까지 친정에 가서 지냈다. 아버지가 재취해
아들 셋과 딸 하나를 두고 세상을 떠나자 새어머니와 동생들을 데려
다가 자신이 거두었다. 친정식구에게 살 방도를 마련해주고 동생들
을 공부시키고 혼인시키는 일까지 살뜰하게 보살펴주었다.

장씨는 말년인 1670년에 《음식디미방飲食知味方》이라는 전통 요리
책을 썼다. 이는 여성이 한글로 쓴 최초의 요리책이다. 국수·만두
등 146개 항목의 요리법이 담겨 있다. 17세기 영남지방의 양반가 음
식에 대해 알 수 있는 귀한 자료다. 끝에는 필사기가 첨부되어 있는
데 후손들에게 책을 잘 보관할 것을 당부하고 있다.

이 책을 이렇게 눈이 어두운데 간신히 썼으니 이 뜻을 알아 이
대로 시행하고 딸자식들은 각각 베껴가되 이 책을 가져갈 생각
일랑 절대로 내지 말며 부디 상하지 않게 간수해 빨리 떨어지
게 하지 마라.

음식에 대해서도 이렇게 체계적으로 정리하고 기록을 남기고자 하는 그의 성격을 보여준다. 안동 장씨는 어려서부터 학문을 좋아하고 성현의 말씀을 일상생활에서도 실천하고자 했다. 성리학적인 내용의 한시를 지어 남기기도 했으며 자녀교육에도 누구보다 적극적이었다. 위의 편지에도 학문을 해 천하의 그릇이 되라는 당부를 남기고 있다. 어머니의 편지에 아들은 이렇게 답했다.

> 엎드려 손수 쓰신 편지를 받잡고 부모님의 마음을 힘써 새겨 천하의 그릇이 되도록 하겠습니다. 두 번 절하고 가르침을 받잡고 감히 누가 되지 않도록 하겠습니다.

이휘일은 평생 학문에 전념해 성리학의 일가를 이루었다. 뒤에 학행學行으로 천거되어 참봉에 임명되었으나 부임하지 않았다. 아우인 이현일이 벼슬에 나아가 이조판서까지 올랐으나 갑술환국甲戌換局 때 유배를 당하는 등 부침을 많이 겪었다. 이에 반해 이휘일은 고향에서 주로 생활했고, 〈전가팔곡田家八曲〉이라는 시조도 남겼다.

4
지나친 권력은
불안을 가져온다

손을 잡고 차마 헤어지지 못하네.

유유한 생각은 끝이 없는데.

머리 들어 떠나가는 행렬을 바라보니

소소히 가을바람이 일어나네.

너를 어느 곳으로 보내는고.

삼천 리 머나먼 중국 땅.

사신으로 가는 길 진중하여라.

내 아들이라 그리워한들 무엇하리.

나랏일은 모두 기일이 있는 것.

고향 집 그리워하지 마라.

좋은 소문이 날마다 들리면

내 곁에 있는 것이나 다름없지.

서늘한 바람이 어느새 불어오니

길 떠난 이의 옷이 춥지나 않은지.

이런 생각으로 내 마음이 수고로울 테니

종종 평안하다는 소식이나 전해다오.

성인들이 좋은 가르침 남기셨으니

몸을 경건하게 하는 것보다 더 좋은 게 없다.

세상살이 항상 얼음 밟듯 조심하라는 가르침 새겨야

몸도 편안하고 덕德이 날마다 새로우리.

서영수합은 강원도 관찰사를 역임한 서형수徐逈修의 딸이다. 어머니는 안동 김씨로 농암 김창협의 증손녀. 어려서부터 책읽기를 좋아했으나 할머니가 "여자가 글을 잘하면 박명한다"며 책을 읽지 못하게 했다. 그러나 남자형제들을 따라다니며 그들이 글 읽는 소리를 듣고 공부해 여러 경전을 두루 섭렵했다. 열네 살 때 홍인모洪仁謨와 혼인했는데, 남편은 혜경궁惠慶宮 홍씨洪氏와 7촌 사이였다. 자녀들은 모두 당대의 문장가로 이름이 높았다. 장남은 연천 홍석주洪奭周, 차남은 홍길주洪吉周, 삼남은 홍현주洪顯周, 그리고 유한당 홍씨로 알려진 딸 홍원주洪原周가 그들이다.

이 시는 장남이 중국에 사신으로 가는 것을 배웅하며 써주었던 것이다. 1803년, 아들의 나이 서른 살 때는 서장관으로 처음 중국에 갔을 때다. 보통 청나라에 가면 여러 달씩 걸리므로 계절이 바뀌어 돌아오게 된다. 가을에 떠나니 곧 겨울이 닥칠 텐데 옷이 춥지나 않을지 어머니로서 여러 가지 걱정이 많았다. 그러나 그런 사소한 걱정들보다 벼슬길에 나간 아들의 안위가 더 염려스럽다. 끝부분에는 멀리 가서도 몸을 경건하게 하고 항상 얼음 위를 걷듯 조심하라는 당부를 거듭하고 있다.

후에 아들이 쓴 어머니의 행장을 보면, 그녀는 부귀영화가 화를 부를 수도 있다는 것을 늘 경계해 장남이 벼슬에 오르고 삼남인 홍현주가 부마가 되자 오히려 이를 근심했다. 홍현주가 궁중에서 집으로 올 때에 화려한 비단옷을 입고 인사를 드리려 하면 서영수합은 곧바로 벗어놓고 검소한 옷을 입고 인사하라고 시켰다. 차남이 과거시험 공부를 열심히 하는 것을 보고 집안이 이미 번성했으니 더는 할 필요가 없다고 말렸다. 과거시험을 포기한 차남 홍길주는 자유로운 생활을 하며 자신만의 독특한 문학세계를 만들어냈다.

서영수합은 젊어서부터 도연명陶淵明이 전원생활을 읊은 작품들을 즐겨 외우며 그런 전원생활을 동경했다. 벼슬살이를 경계하고 항상 조심스러워 하는 태도는 아버지 서형수가 영조 말년에 벽파僻派를 탄핵했다가 면직당하고 폐서인이 되어 쫓겨나기도 하는 등 정치적 부침이 심했기 때문에 생긴 철학인 듯하다. 양반 가문의 명예

를 전부로 여기며 살던 시대에 폐서인이 된 것은 존재기반을 무너
뜨릴 만큼 큰 사건이었다. 아버지의 벼슬살이로 인해 큰 충격을 겪
고 나서 서영수합은 아들들에게 벼슬길의 덧없음을 깨우치고 지나
친 권력이 가져올지도 모르는 불행을 경계하도록 권했던 것이다.

그녀는 남편에게도 과거공부보다는 천리 그대로의 품성을 기르
는 일이 더 낫다고 권유하는 등 반려자로서의 역할을 충실히 했다.
남편이 말년에 시골에 거하면서 함께 시를 지을 사람이 없어 부인
에게 시를 지으라고 권하자 열흘도 되지 않아 시를 지었다고 한다.

그녀의 삶에서 특이한 것은 수학자로서의 면모를 지녔다는 점이
다. 서영수합은 복잡하고 어려운 수학 공식을 간단하게 푸는 방법을
독창적으로 고안해낼 정도로 수학에 대한 재능이 있었다. 《주학계
몽籌學啓蒙》이라는 책에 실린 나눗셈·약분법 등을 보더니 "왜 이리
번거롭고도 어리석게 풀었는가"라고 하면서 자신의 방법으로 계산
해냈다. 나중에 중국에서 나온 《수리정온數理精蘊》을 보니 그대로 들
어맞았다는 게 아들의 전언이다.

덧셈이나 뺄셈 같은 것은 실생활에서 경험적으로 익힌다고 하지
만 방정식과 같은 난해한 공식을 이해하고 있었다는 것은 천부적인
수학자로서의 재능이 있었다는 이야기다. 그런 재능을 오로지 아들
만 알아주고 집안에서 묵히고 말았던 것은 안타까운 일이다. 남들
이 다 부러워하는 정경부인의 자리에 오르고 다복한 가정에서 성공
한 자녀들의 어머니로 기억되는 서영수합의 생에서도 이런 안타까
움이 느껴지는 것은 어쩔 수 없다.

5
수신,
마음을 바르게 하는 법

배우기를 권하는 글은 앞선 성현의 가르침에 이미 다 있거늘
사람들이 도리어 깊이 체득하여 힘써 행하지 않고 다만 쓸데없
는 조문條文으로만 여기니 한탄스럽구나.

　생각건대 너희 집안은 고려 때부터 조선에 이르기까지 이름
난 재상과 높은 공경들이 대대로 이어져 내려왔다. 문장 사업
으로 혹은 충의와 덕행으로 당세에 이름이 높았으니 이것은 무
슨 도를 써서 그리할 수 있었겠느냐. 한마디로 말하자면 '배움'
일 뿐이다. 배움의 도는 뜻을 세우고 힘써 행하며 내가 하늘에
서 부여받은 본성을 회복하는 것일 따름이다. 너희는 재주가
둔하다고 빨리 포기하지 말고 문 닫고 열심히 배워 성취함이
있기를 기약하여야 할 것이니, 그래야 조상의 덕을 떨어뜨리지

않는 것이다. 지성으로 원하고 원하노라.

무릇 과거시험 공부와 의리를 공부하는 학문은 오직 자기를 위한 공부인지 남을 위한 공부인지의 차이가 있다. 너희가 온전히 마음을 바르게 하고 수신하는 도에 마음을 쓰지 않고 오직 외우는 것만 힘쓰고 표절을 공교롭다고 여기며 이익이 되는 일에만 마음을 쓰느라 성명의 바름을 결딴내는 일을 깊이 경계하여야 할 것이다. 하물며 활을 당기며 말을 달려 성품을 거칠고 호방하게 만들어 오래되고 청렴한 가문의 깨끗한 이름을 더럽히고 무너지게 할 수 있겠는가. 너희는 힘써 행하여 어미의 가르침을 저버리지 마라.

정정당 황씨가 아들들에게 훈계하는 글이다. 요지는 한마디로 '열심히 공부하라'는 것이다. 황씨는 퇴계의 제자로 단양군수를 지낸 금계錦溪 황준량黃俊良의 후예다. 영조 연간에 살았던 인물로 추정되는데, 옥산현의 채씨 집으로 시집갔다. 그의 손자 채준도蔡準道가 할머니의 글을 묶어 《정정당일고》를 펴냈다.

세 아들들에게 배움에 힘써 옛날 선조들이 이루어낸 가문의 영광을 재현하라는 주문이다. 오로지 학문, 그중에서도 성리학적인 학문을 강조하고 있는 수많은 정정당과 같은 이 땅의 어머니들 덕분에 조선은 참 많은 학자들을 배출했다. 동시에 활을 쏘며 말을 달리는 무관의 일은 성품을 거칠게 만든다고 경계했던 것은 성리학의 역기능이다. 무예를 갈고 닦기보다는 학문을 하고 수신에 전념해야 한다는 의식 속에 점점 문약文弱해져 가는 나라를 만들었던 것이 아닌가 하는 아쉬움도 생긴다.

정정당 황씨는 아들들에게 자기를 위한 공부와 남을 위한 공부를 나누어 말하고 있는데, 이는 공자가 이미 말한 바 있다.

옛날 학자들은 자기를 위한 공부를 하였는데, 요즈음 학자들은 남을 위한 공부를 한다[古之學者爲己, 今之學者爲人].**2**

여기서 남을 위한 공부란 남의 이목이나 평가를 위해 하는 공부를 말한다. "배우고 때로 익히면 즐겁지 아니한가[學而時習之 不亦說乎]"**3**라고 한 공자이니 공자의 학문도 자기를 위한 것이다. 정자程子는 '위기지학爲己之學'의 설명에 덧붙여, "옛날의 학자들은 자신을 위한 학문을 통해 마침내는 자기 밖의 일까지 성취하게 되지만, 오늘날의 학자는 남을 위한 학문만 하다가 결국 자기 자신까지 잃어버리고 만다"라고 설명했다. 자기를 위한 공부는 궁극적으로 남들도 이롭게 만들 수 있다는 것이다.

남을 위한 공부는 억지로 하는 것이다. 과거시험을 위해, 오늘날은 취업을 위해 또는 외부의 평판을 위해 하는 것이다. 그러니 즐거울 리가 없다. 정정당 황씨는 구체적으로 외우는 것만 힘쓰고 표절을 일삼거나 이익만 추구하는 행위를 경계해야 한다고 아들들을 가르쳤다. 그 대신에 마음을 바르게 하고 수신하는 도에 마음 쓰라고 타일렀다. 기본이 먼저 되어 있어야 한다는 말씀이다. 그러니까 이 어머니가 생각한 가문의 부활은 출세를 해서 높은 벼슬을 하는 것이 아니라 진정한 학자가 되어 집안을 빛내는 것이었다.

2)《논어》, 〈헌문憲問〉.
3)《논어》, 〈학이學而〉.

6
아프지 않은 것만으로도 큰 효도다

편지 보고 잘 있다니 기뻐하며 친히 보는 듯 든든하고 즐거웠다. 반갑기 그지없어 100번이나 잡아보며 반가워하노라. 아무 때에도 이리 오래 보지 못한 적이 없더니 달포가 되어가니 더욱 섭섭하고 무척이나 그립더라. 너는 주인집이 극진하게 하옵신 덕으로 역신을 무사히 하니 세상에 이런 기쁜 경사가 어디 있으리. 네가 효도딸이 되어 우리를 기쁘게 하니 더욱 탐탐히 어여쁘기 그지없어 하노라. 날도 춥고 하니 부디 조심하고 음식도 어른이 이르는 대로 삼가 잘 먹고 잘 있다가 들어오너라. 타락목과 전이 가니 먹어라.

조선의 18대 왕인 현종의 비 명성왕후明聖王后가 딸인 명안공주에게 보낸 한글편지다. 현종과 명성왕후는 숙종과 함께 딸 셋을 낳았다. 위의 딸 둘은 일찍 죽고, 하나 남은 막내딸이 명안공주다. 명성왕후는 이 딸을 무척 귀여워해 시집보내고 나서도 이렇게 절절하게 그리워하고 있다. 딸 사랑은 일반 가정이나 왕가에서나 다르지 않았을 것이다.

공주들은 시집가서도 자주 궁중에 드나들었다. 예외적으로 역병이 돌아 명안공주가 오랫동안 궁궐에 들어가지 못해 어머니는 편지에 마음을 담아 딸에게 보냈다. 전염병에 걸리지 않고 무사한 것만으로도 딸이 큰 효도를 한 것이라 어여쁘기 그지없었다. 이렇게 무사한 것은 공주의 시가에서 신경 쓰고 극진히 한 덕분이라는 감사의 마음도 잊지 않고 담았다. 당시 귀했던 우유와 꿀, 밀가루로 만든 떡인 타락목과 전을 보내면서 딸이 맛있게 먹기를 바라는 대목에서는 어머니의 마음이 느껴진다.

딸의 편지 글씨만 보고도 반가워서 몇 번이나 쓰다듬어보며 그리워했다. 겨우 한 달 만에 이러하니 당시에 딸을 멀리 시집보내고 자주 만나지 못했던 많은 어머니들의 마음은 어땠을까.

강릉시립박물관에 이 편지와 함께 남아 있는 공주의 작명 단자에 적힌 이름은 온희였다. 조선의 공주 가운데 본명이 남아 있는 유일한 경우라고 한다. 이름도 예쁜 이 공주는 오빠인 숙종의 사랑도 듬

뿍 받았다. 청나라에서 고급 비단이 들어오면 후궁보다 명안공주에
게 먼저 보낼 정도였고, 동생이 살 집을 1,800칸도 넘는 큰 저택으로
지어주었다. 이 막냇동생이 여덟 살 무렵에 아버지 현종이 세상을
떠났으므로 안쓰러운 마음에 더 잘해주고 싶었을 것이다. 동생을 시
집보낸 뒤 숙종이 동생에게 보낸 편지도 매우 정겹다.

> 새 집에 가서 밤에 잠이나 잘 잤느냐? 그리 덧없이 내어 보내고
> 섭섭하고 무료하기 가없어 하노라. 너도 우리를 생각하는가. 이
> 병풍은 오늘 보내마 하였던 것이다. 마침 잘 만든 것이 있어서
> 보내니 치고 놀아라.
> 날이 매우 추우니 몸을 잘 보살피고 조리하여 기운이 충실해지
> 면 장차 자주 궁에 들어올 것이니 밥에 나물과 해서 잘 먹어라.

　공주는 몸이 그다지 건강한 편은 아니었던지 오태주에게 시집가
고 나서 소생 하나 없이 젊은 나이에 세상을 떠났다. 숙종은 매우 슬
퍼하며 소복 복장에 머리를 풀고 열흘 동안이나 육식을 금했다. 그
리고 직접 명안공주 집에 거둥해 슬프게 곡을 했다고 한다.
　현재 경기도 안산시에 오태주와 명안공주의 합장묘가 있는데, 묘 옆
의 비석에는 숙종이 명안공주와 오태주의 죽음을 애도하며 쓴 〈어제
치제문御製致祭文〉이 새겨져 있다.

제5장

순응과 저항의 경계에 서다

세상에서는 기생을 메추라기와 까치처럼 하찮게 여겨
사람의 도리로 대해주지 않는다. 이것은 벼슬아치들의 책임일 뿐이다.
어찌 기생의 본성이 그렇겠는가. 음란함을 가르치고서
정숙하지 않다고 조롱하는 것은 술을 억지로 먹이고 취하였다고
미워하는 것과 마찬가지다. 이것이 어찌 사람을 사람으로
대하는 도리이겠는가.

-

홍직필洪直弼, 〈기경춘전妓瓊春傳〉

1
차마 죽지 못한 마음

몽아비 보아라.

내 집안이 가난하니 온갖 일에 네 가슴을 태우는 일이 안쓰럽고, 네 머리가 반백이 되었으니 내 가슴이 아프다. 넉넉지 못한 살림을 살면서 가슴을 태우는 일이 안쓰럽고 미안하다. 네가 내 자식이 된 지 몇 해가 지났으나 나의 초년시절 일은 오히려 네가 모를 것이니 대강 이르노라.

슬프다. 네 부친 초상에 함께 죽기 무엇이 어려울까마는 팔십 노인 의지하실 데 없고 가장의 후사를 잇지 못하고 두 딸이 어리니 차마 함께 죽지 못하였다. 그 후 노친의 삼년상을 지내고 너를 양자로 들이고 딸들도 다 시집보냈으니 벌써 죽을 수도 있었다. 네 효성이 지극하여 몇 년 전에 내 병이 위중하여 방법이 없더니 손가락을 끊어 피를 내는 것도 극진한 일인데, 내 똥을 맛보는 것은 더욱 무슨 일이란 말이냐.

네 마음이 이러하니 내 차마 일시에 속이지 못하여 내 죽음이 이제까지 미루어졌다. 내 근력을 스스로 헤아리니 아마 남은 목숨이 많지 않을 듯하고 병들어 죽는 것은 본뜻이 아니란다. 한날 죽을 맹세는 고치기 어렵고 이 맹세를 고치면 지하에 가 남편을 대할 낯이 없을 듯하여 네 효성을 다 보지 못하고 돌아간다.

며느리에게 태기가 있는 듯하니 아들인지 딸인지 보고 죽을 것이되 내 마음이 일시 급하고 절박하여 마지못하여 죽는다. 차마 어이하리마는 씨개 어미가 목에 걸린다. 그것이 아니 가련하고 불쌍하냐. 내 죽은 후에 더욱 의지할 바 없으니 말해놓았던 밭을 주어 면화나 바꿔 입게 하고 원의 앞 밭에 보리 하여 돈 한 냥 사 몽혜에게 주어라. 문서는 내 외가에 있으니 팔려 하시거든 본값을 주고 사거라.

급한 것은 염포를 장만하지 못하였으니 네가 걱정할 듯하다. 오십에 상주가 되어 집상할 것이니 엄동에 장사 지내기가 쉽지 않을 것이다. 네가 병 없이 성하여야 장사를 지낼 것이니 고집하지 말고 몸조심하여 삼년상을 극진히 지내면 종시 큰 효성이요, 내 영혼도 편할 것이다. 나는 이제 죽으니 씨개 어미가 어디를 의지하리. 몽혜는 부디부디 멀고 가난한 집에 보내지 마라. 남서방이 불쌍하고 동산 아해가 의지할 곳이 없으니 네가 자주 다니며 보아라. 팔자 기박한 여자가 나밖에 의지할 곳이 없으니 불쌍하다.

　며느리는 순산해 아들을 낳고 잘 살아라. 한날 죽기를 맹세한 것이라 마지못하여 죽노라. 가이가이 없으며 너 병날까 염려가 무궁무궁하다. 실 한 타래 자아 씨개 어미에게 맡겼으니 네 옷을 지을 적마다 이 실로 만들어 입어라. 말이 하염없으되 다 어찌하리. 부디부디 잘들 지내거라.

1754년 재령 이씨가 양자인 아들 학호學浩에게 남긴 편지다. 이씨는 1686년에 이대로李臺老의 딸로 태어나 열여덟에 하응림河應霖에게 시집갔다. 딸 둘을 낳아 기르던 가운데 스물일곱에 남편이 세상을 떠났다. 그 후 시어머니를 극진하게 모시고 두 딸을 시집보낸 후 양자를 들여 대를 이었다. 효성스러운 양자는 어머니가 병에 걸리자 전통시대 효의 방법인 손가락을 끊어 피를 먹이는 단지斷指와 부모의 변을 맛보는 상분嘗糞을 하는 등 정성스럽게 간호했다. 편지에서도 양자의 효성스러움을 감격에 겨워 서술하고 있다. 남편복은 없었지만 말년에 자식복은 있었나보다. 그러다 보니 하루하루 목숨이 지연되고 삶의 끈이 발목을 붙들었을 터다. 그러나 이제는 남은 목숨이 그리 많은 것 같지도 않고 만약 병이 들어 죽게 되면 남편과 약속한 종사從死를 이룰 수 없게 되었다.

예순여덟까지 살았으니 살 만큼 살았다고 볼 수도 있으나 나이를 먹을수록 삶의 끈을 놓기가 더 어려웠으리라. 편지에서도 씨개 어미를 끝까지 돌봐주지 못한 것을 거듭 마음에 걸려 한다. 며느리의 뱃속에 든 아기가 아들인지 딸인지도 궁금하다. 몇 번이나 "마지못해 죽는다"는 표현을 쓰고 있다. 꼭 죽어야만 하는지를 스스로에게 묻고 또 물었을 것이다. 삶과 죽음 사이에서 망설이다가 남편과의 약속을 더 늦기 전에 지키려는 그 한 가지 이유만으로 마지못해 죽음을 결심하고 울면서 유서를 쓴 것이 솔직한 심정일 것이다.

죽으려 하니 못내 걱정스러운 일이 많다. 오십을 넘긴 아들이 엄동설한에 모친상을 치르다가 병이나 나지 않을까 하는 염려도 생긴다. 몽혜는 누구일까. '몽아비'라는 호칭으로 보아 손녀일지도 모르겠다. 몽혜를 멀고 가난한 집에는 절대 시집보내지 말라고 단단히 일렀다. 남서방·동산 아이까지 두루 다 챙긴 다음 자신이 만든 실 한 타래를 씨개 어미에게 맡겼으니 앞으로는 그 실로 옷을 해 입으라 했다. 그렇게라도 자신의 흔적을 남기고 싶고 남은 자들이 자신을 기억해주기를 바랐던 것이다.

그녀가 남편과 함께 산 세월은 고작 10년이었다. 남편이 죽은 지 40년이 되었다. 그 옛날 사진도 없던 시절에 남편의 얼굴도 희미해지지 않았을까. 그런데도 남편과 한 약속을 잊지 않고 있다가 남편이 죽은 날에 목숨을 끊었던 것은 그만큼 조선의 열녀 이데올로기가 철저했다는 것을 말해준다.

　이씨의 죽음은 당시 임금이었던 정조에게 보고되었다. 정조는 그
의 죽음을 듣고 정려문을 세우게 하고 예문관 직제학이던 정범조丁
範祖에게 〈정려기〉를 짓도록 했다. 정범조의 문집에 남아 있는 〈이씨
정려 사실을 쓰다[書李氏旌閭事實]〉라는 글에는 남편이 병들자 날마다
목욕재계하고 자신의 몸으로 대신 앓게 해달라고 하늘에 기도했다
는 내용도 들어 있다. 그뿐 아니라 손가락의 피를 내어 먹이고 남편
에게 말하기를 "만약 당신이 불행해지면 마땅히 지하에서 만날 것
입니다"라고 했다. 남편이 죽자 혈서를 써서 무덤에 묻었다. 그리고
시아버지를 잘 섬기고 양자를 잘 가르쳐서 집안을 완성시키고는 죽
었다고 매우 간략하게 서술되어 있다. 짧은 한문으로 된 그 글에는
본인의 한글 편지에서 보이던 죽음에 대한 망설임과 삶에 대한 미
련이 전혀 나타나 있지 않다. 그저 감정이라고는 없이 주어진 임무
를 수행하듯이 죽음으로 나아가는 것처럼 보인다.

2
예정된 죽음 앞에서 드러낸
삶에 대한 미련

아버님 전상사리.

애고애고 조물이 무심치 아니하면 이 글을 미풍에 날려 전해
주겠지요. 애고애고 아버지, 저의 무슨 죄가 이리 무거운가요.
세월이 갈수록 아프고 아파 마디마디 녹고 잦아질 듯합니다.
아버지, 하늘도 무심하고 조물도 야속합니다. 무슨 운수가 이
렇듯 망창 저의 녹고 타는 심사를 풀지 아니하고 끝을 맺으니
무슨 사주가 이리 불측합니까. 이십 청춘이 당할 말입니까. 모
질고 독한 저의 잔명 영구히 살아 먹고 입고 아직 세상에 머무
오니 가통절창可痛切腸하오이다.

쓰지 못할 여식을 슬하에 길러낼 제 유별한 자애시며 호승인
들 어떻던고. 밤낮으로 사랑하사 금동같이 길러내어 인세에 자

황재미 남다르게 바라신 바 무익하고 박명한 이 여식의 죄악이 지중하여 태산 같은 부모 은정 1만 분도 못 갚삽고 도리어 이런 욕경辱驚을 끼치오니 불효막심한 이 여식을 어찌 자식이라 하오리까. 불효한 것을 조금도 생각지 마옵소서.

유명자애한 우리 시부모님, 하해 같으신 은정을 죽어 백골인들 잊사오리까. 불효한 저의 죄를 어찌 다 형언할꼬. 가지가지 원통이요, 아버지, 아버지, 어찌하여 여자 도리를 반분이나 하오리까. 세상사 듣보지 말미 상책이오니 불측한 이 여식을 생각지 마옵소서. 첩첩이 서린 정곡 어찌 다 아뢰리까. 통곡 한심 한심 한심 쓸 곳 없는 저의 잔명 대의를 좇사오니 아버지, 아버지, 그리 아옵소서.

이 글은 서흥 김씨가 죽기 전에 친정아버지에게 남긴 편지글이다. 가사체로 자신의 운명을 한탄하는 내용 곳곳에 삶에 대해 남아 있는 미련을 볼 수 있다.

서흥 김씨는 조선시대 전기 성리학자인 김굉필金宏弼의 후예로 1883년에 태어났다. 열일곱 살에 열세 살인 심재덕沈載德과 혼인했다. 혼인한 지 몇 달 만에 남편이 병에 걸렸다. 그때부터 김씨는 약을 달이고 죽을 쑤는 일을 도맡았다. 지극히 간호했음에도 남편은 1903년에 세상을 떠났다. 김씨는 석 달 뒤인 다음 해에 남편을 따라갔는데, 사전에 유서 몇 편을 써놓고 조용히 죽음을 향해 갔다. 보통의 열녀들이 순절하듯 약을 먹고 죽거나 목을 매거나 물에 빠져 죽지 않고 조용히 삶을 마쳤다고 한다.

이미 과부의 재가를 허용하는 갑오개혁이 시행된 후인 20세기 들어서도 이렇게 남편을 따라 종사하는 일은 계속되었다. 김씨는 고종高宗 8년(1871)에 정문을 받았으며, 시집 사람들은 문집을 엮어 그의 죽음을 기렸다. 문집 제목을 《종용록從容錄》이라 했는데, 말 그대로 조용히 죽음으로 나아간 것을 특기했던 것이다. 김씨의 유서와 벽에 기록한 글, 친정아버지에게 보낸 편지 등을 싣고 한문으로 번역해 부기했다. 덧붙인 내용으로는 양반 남성들이 쓴 김씨의 일생에 관한 칭송을 담은 시문이 있다.

편지를 받은 아버지 김희연金熙渷이 쓴 제문은 시집식구와는 다른 친정아버지의 슬픔을 보여준다. 그는 딸을 잃은 슬픔을 억눌러가며 적어나갔다. 글에는 억장이 무너지는 것만 같은 부모의 마음을 토로했다.

남편이 죽으면 아내가 따라가는 것이 의義의 올바름이겠으나, 자식이 죽어 아비가 곡하는 것은 이 무슨 이치란 말인가. 나의 회포는 산과 같고 내 마음은 돌이 아니니 말을 하려 하면 눈물이 먼저 흐른다.

딸은 대의를 위해 목숨을 버린다고 했지만 결국 살아서 받을 주변의 눈총이 그를 죽음으로 몰아간 것만 같아서 슬프다. 그는 무엇보다 딸이 시집가자마자 남편이 병들어 부부의 정을 느낄 새도 없었다는 것을 더욱 안타까워했다. 둘 사이에 자식이 하나도 없던 것이 딸의 죽음을 재촉한 것만 같아 더 가슴 아파했다. 다른 사람들은 이 죽음을 열행이라 칭송하며 조정에서도 정려를 내렸지만 딸을 잃은 아버지의 마음에 그 모든 것이 무슨 의미가 있을까. 아버지는 가슴속에 하고픈 말이 산더미 같지만 말할 수 없어서 눈물만 흘렸다. 사람이 목석이 아니니 슬픈 감정이 없을 수 있겠는가. 할 말이 많다는 것은 딸을 죽음으로 몰아넣은 당대 사회의 이념과 윤리가 원망스럽다는 것이리라.

　편지의 곳곳에 "애고애고" 하는 한탄과 "아버지, 아버지"라는 울부짖음이 죽음을 앞에 두고 솟아나는 삶에 대한 욕망과 미련을 말하고 있다.

3
불효의 죄, 천추의 한이 되다

아버님이 당하실 혹독한 사정은 저의 천고의 한입니다. 오직 하늘이 알고 신이 알고 아버지가 알며 제가 압니다. 어찌 장황한 말로 아버지의 슬픔을 더하며 저의 불효의 죄를 무겁게 하겠습니까.

다만 여막과 내실이 중문으로 막혀 있어 밤에 빗장을 걸면 숨소리가 들리지 않습니다. 비바람이 불고 어둡고 캄캄한 밤에 등불이 꺼져 더 어두워질 때면 항상 아버님이 홀로 앉아 잠 못 들고 더불어 이야기를 나눌 사람도 없는 것을 생각합니다. 저도 모르게 하룻밤에 서너 번씩 일어나 중문에 우두커니 서서 아버님이 주무시는지 살펴봅니다. 감히 중문 밖을 나서지 못하는 것은 호랑이를 만날까 겁나서가 아닙니다. 여자의 행실이란 밤에 밖으로 나갈 수 없기 때문입니다.

  하늘은 왜 아버지께 아들이 없게 만들고 저를 여자로 태어나게 하셨을까요. 손님이 저녁에 찾아오면 저는 아버지가 함께 주무실 친구가 생긴 것이 너무 기뻐 조석을 정성껏 차립니다. 이제 저는 곧 죽을 텐데, 누가 다시 이처럼 해드릴까요. 아버지의 애끊는 슬픔으로 제가 관에 들어가는 것을 보신다면 반드시 큰 병이 나실 것입니다. 그러다가 상도 다 마치지 못하여 후세 군자들에게 말썽거리가 될까 염려됩니다. 그러니 반드시 제가 죽은 다음날 미동 고모 댁으로 가셔서 몸을 돌보시기 바랍니다. 꼭 그리해주십시오. 만약 어지러운 말이라 여기고 따르지 않으신다면 저는 결코 눈을 감을 수 없습니다. 나머지는 어제 쓴 글에 모두 있습니다.

을해년(1755) 10월 그믐날 아침

불효녀가 영결을 고합니다

김자념金子念이 열여덟 살에 세상을 떠나면서 아버지에게 남긴 편지다. 김자념은 어려서부터 효성이 남달랐다고 한다. 어머니가 다른 식구들을 위해 식사를 거르는 것을 알고 밥을 숨겨놓았다가 드시게 했다. 그의 남동생은 아홉 살에 요절했는데, 동자문인으로 이름난 김경림金景霖이다. 이 동생이 죽고 어머니도 세상을 떴다. 이제 자신도 병들어 죽음을 앞두고 있는데 홀로 남을 아버지가 걱정이었다. 그래서 자신이 죽으면 곧장 고모 집으로 가서 지내시라고 당부하는 편지를 남겼다.

홀아비가 된 아버지가 걱정되어 밤마다 주무시는지 중문에 서서 살피고 기척을 엿보았다. 혹 손님이라도 찾아오면 아버지가 외롭지 않을 생각에 기뻐서 정성껏 상을 차려냈다. 이런 마음은 천성적으로 아버지에 대한 사랑이 넘쳐서 하는 것이니 억지로 효도를 하기 위해 하는 상투적인 효와는 비교할 수가 없다.

자기가 죽고 나면 누가 이렇게 아버지를 돌볼 수 있을까. 딸은 자신마저 세상을 떠나면 그야말로 고립무원의 상태가 될 아버지 걱정에 눈을 감을 수가 없다.

4
주어진 임무에 대한 책임

오호 통재라. 당신이 항상 기력이 넘쳐나고 심정이 철석같으니 수를 길이 누려 자손의 영화를 받으실까 하였더니 원수 기해년 (1719)을 만나 홀연히 독병을 얻으니 밤낮으로 간장을 태우며 회춘하시기만 하늘과 귀신에게 빌었습니다.

오호 통재라. 하늘이 벌을 내리고 황천에서 어진 사람을 빨리 구하시매 당신의 한 목숨이 다하여 하룻밤에 문득 구하지 못하오니 이는 하늘이 무너지고 땅이 꺼지는 때라. 한 소리 호곡에 나의 한 목숨 그쳐 당신 뒤를 좇음이 원이로대 비록 기출이 아니나 혼인하지 못한 차자와 유하지아를 절연하고 이어 죽으면 응당 구천 아래 용납하지 아니하실 것이니 마음을 널리 먹어 3년 제사를 정성으로 지내고 이 아이를 길러 혼인시킨 후 비록 불혜하나 찾아가시면 구원의 은혜를 삼생에 다 갚기 어려울까 합니다.

당신의 아내가 된 지 5년에 이런 종천의 변을 만나 가슴을 두드려 골돌한 설움이 흉격에 막히오니 차마 세상에 머물 뜻이 없사오나 이 아이가 장성한 후 찾아감을 천만 바라나이다. 곧바로 입관한다 하니 마음이 혼란하여 갖추어 쓰지 못하고 대강 설운 회포를 적사오니 굽어 살피소서.

기해 2월

숙인 장

정최능의 아내 장씨가 남편의 무덤에 써넣은 편지글이다. 남편은 마흔 살이 되던 기해년에 서울로 과거시험을 보러 가다가 광주廣州에서 객사했다. 아내는 "원수 기해년"이라고 표현했다. 인동 장씨는 얇은 창호지 두루마리에 이 편지와 함께 누비옷 열두 벌도 같이 넣었다. 편지는 1972년에 후손이 무덤을 이장하려다가 발견한 것이다.

편지에도 나오는 것처럼 같이 산 세월은 5년뿐이었다. 장씨는 후

처이고 전처인 전주 이씨가 있었는데 남편은 하필이면 과거시험을 보러 가는 길에 전처의 친정에 들렀다가 급병이 들었다. 그래서 전처의 친가 근처에 묘를 쓰고 전처와 합장했다고 한다.

남편은 저 세상으로 가서 전처와 함께 있을 것이다. 열녀의 도리로는 따라 죽어야 마땅하지만 자신은 남겨진 아이를 잘 길러 혼인시킨 후에 따라가겠다고 했다. 세상에 머물 뜻은 별로 없지만 아이들에게 부모의 책임을 다하고 가겠다는 확고한 의지의 표현이다.

"비록 기출이 아니나"라는 표현으로 보아 이 아이는 자신이 낳은 아이가 아닌 전처가 낳은 아이일 것이다. 어쩌면 결혼하지 못한 이 아이가 계모를 죽지 않고 살게 만드는 동아줄 같은 끈이었을 것이다. 책임이 따르기는 하나 제사를 지내고 결혼을 시키는 것은 다 삶의 영역에 속하는 것이다. '나는 이승에 속해 있으니 사는 동안 내 임무를 다할 것이요, 당신은 저승에서 전처와 회포를 푸시오' 하는 그런 마음일까.

5
조선시대 부부의 애끓는 사랑

원이 아버지.

　당신은 항상 나한테 말하기를 둘이 머리 희도록 살다가 함께 죽자 하시더니 어찌하여 나를 두고 당신 먼저 가시나요. 나하고 자식들은 누구를 의지하여 어떻게 살라 하고 다 던지고 당신 먼저 가시나요. 당신은 날 향해 어떤 마음을 품었으며, 나는 당신 향해 마음을 어떻게 품었던가요. 매양 당신더러 내가 말하였지요. 함께 누워서.

　"이봐요, 남들도 우리같이 서로 어여삐 여기고 사랑할까요?"

　남도 우리 같은가 하여 당신더러 말하였더니 어찌 그런 일들은 생각지 않고 나를 버리고 먼저 가시나요. 당신 여의고는 아무래도 내가 살 수 없네요. 곧 당신한테 가고자 하니 날 데려가셔요.

  당신 향한 마음을 이생에서는 잊을 길이 없으니 아무리 해도 서러운 뜻이 끝이 없습니다. 내 마음을 어디다가 두고 자식 데리고 당신 그리며 살려나 싶습니다. 이 내 편지 보고 내 꿈에 와 자세히 말해주셔요. 내 꿈에서 이 글 보신 말을 자세히 듣고 싶어 이렇게 적어 넣습니다. 자세히 보고 날더러 일러주셔요.

  당신 내 뱃속 아기 낳거든 보고 일러줄 말을 하고 그리 가시지, 이 아기 태어나 누구를 아버지라 부르라 하나요. 아무리 한들 내 마음 같을까, 이런 천지 아득한 일이 하늘 아래 또 있을까. 당신은 한갓 그리 가 계실 뿐이거니와 아무리 한들 내 안같이 서러울까. 그지없고 가없어 다 쓰지 못하고 대강만 적습니다. 이 편지 자세히 보고 내 꿈에 자세히 와 보이고 자세히 일러주셔요. 나는 꿈에 당신을 볼 것을 믿고 있습니다. 꼭 와서 보여주셔요. 다 그지없어 이만 적습니다.

병술년(1586) 6월 초하룻날

집에서

이 편지는 1998년 안동에서 고성 이씨 분묘 이장 때에 출토되었다. 묘의 주인공은 이응태李應台로 서른의 젊은 나이에 죽었다. 이응태는 고성 이씨의 17대손으로 아버지 이요신李堯臣의 2남 3녀 가운데 둘째 아들이다. 편지를 쓴 이는 이응태의 처인데, 족보에 나타나 있지 않아 누구인지는 알 수 없다.

이 편지와 함께 미투리도 발견되었다. 미투리는 마와 머리카락을 섞어 짠 짚신형 신발로, 길이 23센티미터, 볼 너비 9센티미터가량의 크기인데 출토 당시 한지에 곱게 싸여 있었다. 그 한지에는 "신어보지 못하고 죽었다"는 글이 남아 있어 마음을 아프게 한다.

무덤 속에는 이응태의 형 이몽태李夢台가 쓴 한시와 이불·버선·옷 등 모두 130점이 발견되어 현재 안동대학교 박물관에 소장되어 있다. 형은 접부채에 만시輓詩를 써서 동생의 죽음을 슬퍼하고, 아버지는 아들과 주고받은 편지를 비단 주머니에 넣었다. 아내는 남편이 평소에 입던 옷과 꽃무늬 비단 저고리를 관 속에 함께 넣었다. 편지와 옷 등 발굴된 유품들은 16세기 한글 연구와 장례의복 연구에 중요한 자료가 된다. 발굴 당시에 이응태의 할머니인 일선 문씨는 미라 상태로 450년 만에 세상에 나와 사람들을 놀라게 했다.

위의 편지는 부부의 사랑을 말해준다며 언론의 주목을 받기 시작해 그 뒤로 소설의 소재가 되기도 하고 무용·국악가요·오페라 등 다양한 형태로 관심을 모았다. 안동에서는 이 여성의 동상을 세우기도 하고 안동댐의 다리를 미투리 모양으로 세우는 등 이들의 사랑을 기념하고 있다.

우리가 알고 있는 상식에 따르면 조선시대 부부들은 사랑 같은 것을 몰랐을 것 같다. 특히 양반들은 두 가문의 결합이 곧 결혼이고 자식을 낳는 것은 집안의 대를 잇기 위한 목적이라는 의식이 강했다. 그런데 이 부부는 언제나 검은 머리가 파뿌리가 되도록 함께 살다가 함께 죽자고 맹세하고, 나란히 누워 다른 부부들도 우리처럼 이렇게 서로 어여삐 여기고 사랑할까 궁금해했다.

남편이 죽고 나서 도저히 혼자서는 살 수가 없다며 뱃속의 아기는 아빠 없이 어떻게 하냐며 울부짖던 이 여성은 왜 족보에 흔적이 없는지 알 수 없다. 그리고 족보에 아들로 나와 있는 이성회李誠會가 원이라면 뱃속의 아기는 어디로 갔는지 궁금하다. 형이 써서 아우의 무덤에 넣어준 한시에는 "자네가 남기고 간 아이는 내가 잘 보호하리"라고 했으니 큰아버지가 잘 키워주었을 텐데 말이다.

6
향랑의 넋, 노래로 남다

상랑尚娘 박씨 열녀는 영남 상주 사람이다. 시집갈 나이가 되어 선산의 최씨에게 시집갔다. 최씨 아들은 어리고 사나워서 받아들이지 않았다. 상랑은 현명하게 집을 나와 친정으로 갔다. 계모가 자기 형제들과 의논해 그녀를 다른 곳으로 시집보내고자 하였다. 상랑이 그걸 알아채고 다시 최씨 집으로 돌아왔으나 남편은 조금도 뉘우치지 않았다. 심지어 시부모도 문에서 막았다.

상랑은 자신을 받아주는 곳이 없다는 게 한없이 서글퍼졌다. 물에 빠져 죽기로 결심하고 낙동강에 이르렀다. 최씨 이웃에 사는 여자아이가 나무를 하러 왔다가 그녀를 보고 물었다.

"최씨 집 신부가 왜 여기에 왔나요?"

상랑은 모든 사연을 말하고 울면서 부탁하였다.

"네가 여기에 온 건 하늘의 뜻이로구나. 나를 위해 분명하게 말해주렴."

그러고는 덧머리와 신발을 벗어 증거로 남겼다. 그녀는 〈산유화가〉를 부르며 탄식하였다.

"하늘은 높고 땅은 넓건만. 슬프다, 이 한 몸은 아무 데도 갈 수 없네."

한참 동안 탄식하다가 다시 일어나 한숨을 쉬며 말하였다.

"남편은 나를 받아주지 않고, 어머니는 다른 사람에게 가라 하네. 슬픔 가득한 이 마음이 죽지 않으면 어이하리."

마침내 치마를 뒤집어쓰고 물에 뛰어들어 떠내려갔다. 이웃집 여자아이가 최씨 집에 알리고 유품을 주니, 최씨가 크게 놀랐다. 계모와 형제들도 비로소 슬퍼하고 가련히 여겼다. 낙동강으로 가 구하고자 하였으나 물 위에는 고려충신비만 서 있었다.

❧

이옥의 〈상랑전尙娘傳〉이다. 1702년 선산에서 있었던 향랑香娘이라는 여자의 자살사건이 많은 문인들의 관심을 끌었다. 이 이야기를 소재로 많은 작품이 쏟아졌다. 이 일은 임금에게도 자세히 보고되었고 논란을 거쳐 2년 뒤에 향랑은 정려를 받았다. 《숙종실록》의 기록은 다음과 같다.

> 선산의 향랑은 민가의 여자로, 남편의 성품과 행동이 사나워 향랑을 무단질시하고 욕하고 때렸으며, 시부모는 개가를 권하였으나 향랑은 무식한 시골 여자로 불경이부不更二夫의 의를 알아서 죽음으로써 스스로를 지켰다.[1]

실제 사건은 결혼 후 남편과 잘 맞지 않아서 부모는 다른 곳으로 시집가라고 권했으나 다른 남자에게 시집가기를 거부하고 죽음을 선택한 것이다. 민가의 여자는 남편이 받아들이지 않으면 얼마든지 다른 곳으로 개가할 수 있는 신분이다. 그러므로 양반가 여성에게나 필요한 정절을 지키느라 죽음을 선택한 이 여성을 향해 문인들이 비상한 관심을 쏟았다. 향랑 혹은 상랑이라고 그 이름을 밝히고 있다. 전과 한시 등 많은 문학작품에서 이 사연을 전하고 있다. 남편이 죽은 후 따라 죽은 열녀가 아니기 때문에 나라에서는 표창을 하기가 곤란한 경우라고 보았으나 여론의 압력을 이기지 못하고 정려하기에 이르렀다.

그녀가 죽기 전에 불렀다는 〈산유화가〉는 경상도·전라도·충청도에 전해 내려오는 민요로 〈메나리곡〉이라고도 한다. 서글픈 곡조의 민요 분위기가 작품 전체의 분위기로 작용한다.

향랑이 죽은 곳은, 고려 말의 학자로 조선의 건국에 협조하지 않고 선산에 은둔해 생을 마친 야은冶隱 길재吉再의 사당이 있는 자리다. 문인들은 길재의 유풍이 남아 향랑의 절의가 생겨난 것이라고 칭송했다. 길재는 "충신은 두 임금을 섬기지 않는다"는 것을 몸으로 보여주었던 인물이다. 그런 절의를 이어받아 향랑과 같은 민가의 여자도 "열녀는 두 남편을 섬기지 않는다"는 것을 실천했다.

---

1) 《조선왕조실록》권39, 숙종 30년(1704) 6월.

7
원하지 않는 것을 하지 않을 자유

경춘은 영월의 기생이다. 예쁘고 아름다워 부사 이만회李萬恢의 사랑을 받았다. 이만회가 임기를 마치고 떠날 때쯤 경춘이 비로소 몸을 허락하였다. 그 뒤로 절개를 지켜 다시는 두 마음을 먹지 않았다.

나중에 온 부사의 손님이 경춘을 보고 좋아하였다. 경춘을 무섭게 위협하기도 하고 회유하기도 하여 뜻을 빼앗고자 하였다. 경춘은 끝내 듣지 않아 여러 번 회초리로 맞아 다리에 피가 흐르기도 하였다. 마침내 이를 면할 수 없다는 걸 알았다.

경춘은 어느 날 아침 옷을 잘 차려 입고 들어가 태연스레 웃으며 말하였다.

"며칠 휴가를 주시면 몸조리하여 병을 낫게 한 뒤 명을 받들겠습니다."

그는 놀라 기뻐하며 그리하라고 허락하였다.

다음날 아침, 경춘은 아버지 묘소에 가서 작별을 고하였다. 돌아와서 동생들의 머리를 빗겨주고 함께 금강 위 돌 벽에 올라갔다. 가파른 절벽 아래로 깊은 강이 흘렀다. 노래 몇 소절을 부르니 이내 눈물이 치마를 적셨다. 슬픔과 한을 걷잡을 수 없었다. 동생들을 달래어 돌려보내고 나서 곧 몸을 던져 강물에 뛰어들었다. 임진년(1772) 10월, 그녀의 나이 열여섯이었다.

식구들이 달려가 시신을 건졌다. 옷깃에 은은히 비치는 것이 있어 꺼내보니 이부사가 선물한 붓이었다. 오호, 열이여. 이것이 바로 여자가 사랑하는 사람을 위해 죽을 수 있다는 것인가. 죽음을 앞에 두고도 지키는 바를 바꾸지 않는다 함이 아니겠는가.

천덕산인天德山人[2]은 이렇게 생각한다. 옛날 단종端宗이 영월에서 승하하였을 때 궁인들이 모두 금강에서 순절하였다. 목숨을 바쳐 뜻을 이루는 늠름한 생기가 있기에 그곳을 창렬암彰烈巖이라 이름하였다. 그 곁에 사당을 지어 민충사愍忠祠라 하였다. 이제 경춘도 그 곁에서 죽었으니 그 기풍에 감동해 그런 것인가. 기운과 뜻이 서로 맞았으니 오랜 세월이 지나도 같은 곳으로 돌아간 것인가.

세상에서는 기생을 메추라기와 까치처럼 하찮게 여겨 사람의 도리로 대해주지 않는다. 이것은 벼슬아치들의 책임일 뿐이다. 어찌 기생의 본성이 그렇겠는가. 음란함을 가르치고서 정숙하지 않다고 조롱하는 것은 술을 억지로 먹이고 취하였다고 미워하는 것과 마찬가지다. 이것이 어찌 사람을 사람으로 대하는 도리이겠는가.

경춘은 두 지아비를 섬기지 않는 것이 열이라는 것을 안 뒤로 큰 절개를 지키는 데 이처럼 힘썼다. 이것이 더 힘든 일이라는 것을 어찌 몰랐겠는가. 진흙에서 나오고도 더러워지지 않았다는 것이 바로 이것이다.

하늘의 도리는 믿음을 귀하게 여기고 땅의 도리는 정숙함을 귀하게 여긴다. 믿음과 정숙함이 없으면 만물은 살 수 없다. 경춘은 시골의 천한 신분으로 겨우 비녀 꽂을 나이를 지났을 뿐이다. 염치를 기르거나 예의에 대한 가르침이 없어도 믿음과 정숙함을 보였으니 이는 스스로 세운 것이다.

사람은 하늘과 땅의 정기를 받아 생겨난다. 이 이치는 예나 지금이나 존귀하든 천하든 차이가 없음을 여기서 볼 수 있다. 영월의 기생들은 그 풍속을 전하고 익혀서 음탕한 데 이르지 않는다. 지금도 많은 기생들이 하나만 지킬 뿐 두 마음을 먹지 않는다.

봉래월蓬萊月이라는 기생은 시관 이응규李應奎의 사랑을 한 번 받은 뒤 10년 동안 몸을 지켜 죽음을 맹세하고 다른 사람에게 가지 않았다. 부사가 심한 형벌로 위협해도 지조를 바꾸지 않았으니, 이 사람이 바로 살아 있는 경춘이다. 아, 이것이 누가 시켜서 그런 것이겠는가. 단종이 승하하던 해에 보인 궁녀들의 열행이 인도하는 바인가.

***

조선시대 후기의 학자 홍직필이 쓴 〈기경춘전〉이다. 기생 경춘이 죽을 당시 나이가 열여섯이었다. 성춘향이 이도령을 만나 사랑하던 나이와 같다. 경춘이 부사를 얼마나 사랑했는지, 둘의 관계가 어떠했는지는 작가의 관심 밖이다. 부사가 떠나고도 경춘이 다른 남자를 받아들이지 않고 절개를 지켰다는 것만이 처음부터 끝까지 부각된다.

이 당시에는 이미 판소리 〈춘향가春香歌〉를 양반들도 애호하고 즐겨 들었다. 성춘향과 이몽룡의 소설 속의 사랑이 현실이었다면 경춘과 같이 죽음으로 끝나는 비극이 되었을 것이다. 자신의 탐욕을 채우기 위해 매를 때리고 심한 형벌로 위협하는 변학도는 현실에도 있다. 다만 현실에서는 암행어사가 되어 다시 사랑을 찾아 돌아오는 이도령이 없었던 것이다. 그래서 경춘은 몸을 던졌고, 봉래월은 10년 동안 고통을 겪었다.

보통 인구에 회자되는 기생에 관한 이야기는 이렇듯 자기가 존경하거나 사랑한 사람을 위해 지조를 지켰다는 내용이 대부분이다. 단양 기생 두향杜香이 단양에 군수로 부임한 퇴계 선생을 사모해 그가 단양을 떠난 이후 지조를 지켰다는 이야기도 사실 여부를 떠나 널리 알려진 일화다. 퇴계가 떠난 후 시름시름 앓다가 죽었다고도 하고 퇴계의 죽음 소식을 듣고 강물에 몸을 던졌다고도 한다. 어느 쪽이든 기생의 지조는 죽음으로 완성된다. 지금도 단양에서는 해마다 그녀의 넋을 기리는 두향제를 열고 있다.

그 시절에 관기의 신분으로 지조를 지킨다는 것은 〈기경춘전〉을 보아도 매우 힘든 일이었음을 알 수 있다. 간혹 역사학자들 가운데 조선시대 기생들이 지방 수령에게 성적性的 봉사를 할 의무는 없었다며, 오히려 조선의 국법은 관기를 건드린 수령을 처벌했다고 주장한다. 그렇다. 조선의 국법은 지방 수령이 관기와 사통하는 것을 금하고 있다. 그런데 그 법이 실제로 엄격히 시행되었다면 홍직필이 이처럼 범법자의 이름을 실명으로 밝혔겠는가.

경춘을 나중에 괴롭힌 자는 부사도 아닌 '부사의 손님'이었다. 고을 원을 따라와 관아에 묵고 있는 손님으로서 권력을 쥐고 있는 신분도 아니면서 호가호위狐假虎威를 했던 것이다. 그렇다면 직속상관으로서 목줄을 쥐고 있는 사또들이 어떻게 했을지는 보지 않아도 상상이 된다. 지배층의 정점에는 후궁들에게 둘러싸인 왕이 있었으므로 아무도 기생을 건드린 자들을 처벌할 수 없었을 것이다.

이 글에서 주목되는 것은 홍직필의 논평 부분이다. 기생을 인간으로 대우하지 않으면서 마치 메추라기나 까치와 같이 하찮은 존재로 취급하는 것을 버슬아치들의 책임이라고 했다. 이렇게 양반 계층 스스로 신분 차별 문제에 대해 자기반성을 하고 있다는 사실이 놀랍다.

이 시대에는 하층민이 유교 이념을 실천하고 있는 것에 대한 감탄이 양반들로부터 쏟아졌던 때다. 자기네들이 교육을 받아서 알고 있다고 생각하는 것을 하층민들은 배우지 않고도 실천하고 있는 것을 보고 겉으로는 임금의 교화가 아래에까지 퍼진 은덕이라고 탄복하지만 사실 그것은 인간의 재발견이다. 노비나 기생을 인간으로 취급하지도 않았던 자들이 이제 그들의 삶을 들여다보고 그들의 이야기에 귀 기울이고 그들의 생각에 관심을 갖기 시작했다. 그러고는 "(기생에게) 음란함을 가르치고서 정숙하지 않다고 조롱하는 것은 술을 억지로 먹이고 취했다고 미워하는 것과 마찬가지다. 이것이 어찌 사람을 사람으로 대하는 도리이겠는가"라고 반성했다.

기생이라는 직업이 양반들을 상대하면서 생길 수밖에 없는 음란함을 마치 기생의 본성으로 착각하는 남자들에게 경춘은 사람의 본성이 계급에 따라 달라지는 게 아니라는 것을 보여주었다. 그리고 자신의 사랑을 지키기 위해 다른 남자의 수청 요구를 거부했다. 자신이 원하지 않는 사람과 관계를 맺지 않을 자유를 부르짖었던 것이다.

작가는 기생들이 열을 지킨 것을 영월이라는 고장의 상징성과 연결시켰다. 단종이 승하한 후 그를 따르던 궁녀들이 금강에 몸을 던졌다. 마치 백제가 망한 뒤에 삼천 궁녀가 낙화암에서 몸을 던졌듯이 말이다. 자신들이 모시던 임금의 패배는 곧 여자들의 죽음을 가져온다. 홍직필은 양반이자 학자였으므로 자신들의 용어인 '불경이

부'라든가 '열烈'이라는 말로 경춘의 열녀적인 면모를 칭찬했지만,
그가 남겨놓은 작품 속의 경춘은 죽음으로밖에는 표현할 수 없었던
많은 말을 우리에게 전하고 있다.

---

2)이 글의 저자인 홍직필의 호.

8
열녀 이데올로기와
효녀 이데올로기가 충돌할 때

사람이 비록 세상에 나서 오복을 다 갖추기는 어려우나 한두 가지 즐거움은 있거늘, 나는 홀로 천지간 궁한 팔자로 혹 하나라도 위로할 것이 없구나. 오호라, 사람의 친함으로는 어머니 같은 이가 없고, 사람의 소중함으로는 지아비 같은 이가 없으며, 사람이 욕심내는 것은 자식만한 것이 없으되, 이미 세 가지가 다 끊어져 세상을 안 지 겨우 20년 만에 문득 화를 만나 〈육아蓼莪〉[3]의 설움과 계성의 울음이 이 일신에 모두이니 내 비록 재주가 없고 미련하나 마음은 쇠나 돌이 아닌지라. 뼈마디에 사무치는 설움은 가슴에 돌을 드리운 듯하고, 간경에 얽힌 병은 눈에 깁을 가린 듯하다. 오호라, 아침이슬 같은 인생과 나그네 같은 세상에 어찌 슬프고 서러움이 이토록 하느뇨?

가는 발을 드리우고 고요히 누워 생각하니 복선명응福善命應은 고금에 떳떳함이로되 우리 돌아가신 어머니는 현숙한 마음과 맑은 덕과 너그럽고 부드럽고 통철하신 성심으로 복을 받지 못하고 가신 후에는 묻혀버리니 한없이 가슴 아프다. 상시 빼어난 현덕에 남들보다 뛰어남이 많았으나 한번 갑자기 세상을 버리시니 높은 위의는 천추에 아득하고 어진 덕은 진토에 감추어져 다시 일컬어 알 리 없으니 우리 자매가 더욱 한하는 바라.

고요한 가운데 옛일을 추모하니 세세히 눈앞에 떠올라 끝없는 설움이 새로울 새 나의 어린 시절에 알던 행적만 대강 기록하나 그때 내가 어렸을 뿐 아니라 우리 자당의 만선이 족하시어 통철한 식견과 활달한 도량에 침원한 지혜로 온갖 일에 그마디와 때에 맞추어 하신 일이 사람의 생각 밖에 많으니 어찌 능히 다 형용하야 기록하리오. 겨우 만의 하나를 기록할 뿐이로다. 부군의 남보다 뛰어난 인자명철한 두어 조건을 올리고 다시 나의 궁한 팔자와 결혼 후에 북받친 설움을 세월이 더 지나면 능히 기억하지 못할 듯하여 성혼 초부터 부군의 환후 시말과 봉변지사까지 대강을 기록하야, 나의 생전을 두고 눈앞의 일같이 잊지 말며 또 후배들에게 옛일을 알리고자 잠깐 기록하나 정신이 소삭하고 마음이 어지러워 자세함을 얻지 못한다.

이 〈자기록自記錄〉은 풍양 조씨가 어린 시절의 일부터 시집와서 남편이 병들어 죽을 때까지의 과정을 자세히 기록한 장편의 산문이다. 위의 내용은 그 서문에 해당하는 부분으로 책을 쓰게 된 동기에 대해 서술하고 있다. 자신이 겪은 일을 기록해 후손들에게 알리고 싶다는 소망을 밝혔다.

풍양 조씨는 무관인 조감趙瞰의 차녀로 어려서 어머니를 잃고 열다섯 살에 김기화金基和에게 시집갔다. 친정과 시집은 모두 서울에 있고, 무관 계통의 양반 가정이다. 동갑인 남편이 병으로 스무 살에 세상을 떠난 다음해인 1792년에 이 기록을 남겼다. 서문에 이어 시집가기 전 친정에서의 삶, 시집간 후 남편의 발병과 죽음에 대한 내용으로 이루어져 있다. 뒤에는 남편의 친척들이 쓴 제문을 한글로 번역해 실었다.

친정에 대한 서술은 아버지와 어머니의 성품과 평소의 가르침 등을 자세히 담고 있다. 유교적인 법도를 지키고 선조 때부터 충효를 갖춘 가문이라는 자부심으로 가득하다. 친정아버지는 인정이 많아서 어려운 사람들을 보고 그냥 지나치지 못했다. 어머니도 동기간에 의복이나 음식을 골고루 나누었으며 다른 사람을 구휼하는 데 재물을 아끼지 않았다. 친정의 부모는 서로의 그런 점을 매우 기뻐하는 등 뜻이 잘 맞았다.

모친은 잇따른 출산으로 병을 얻어 일찍 세상을 떴다. 부친은 병을 낫게 하기 위해 백방으로 애쓰고 간병했으나 헛되이 모친을 떠나보냈다. 조씨의 자매는 어머니를 그리워하며 매일 슬픔에 잠겨 있었다. 그런데 1년도 지나지 않아 할머니 수발을 이유로 새어머니가 들어왔다. 작자는 새어머니에 대해서는 아무런 언급도 하지 않음으로써 무언의 항변을 하고 있다. 그 대신 언니와의 관계가 더욱 각별해졌다. 둘은 어머니를 잃은 슬픔과 그리움을 함께하며 지극한 자매애를 나누었다.

결혼한 후 시집에서의 생활을 기록한 부분은 친정과는 분위기가 사뭇 다른 시댁어른들의 생활방식을 중점적으로 묘사했다. 증조부인 김도홍金道洪은 무과에 급제해 현감을 지냈고, 시아버지 김재묵金在黙은 관직에 나가지 못했다. 아들이 과거에 급제해 성공하기만 바랐으나 아들은 체질적으로 건강하지 못했다. 시부와 시조부는 원래 검소한 성격에 고집스러운 면이 있어서 추운 사랑방에서 늦게까지 책을 읽었다. 두 분을 모시고 책을 읽어야 하는 남편이 추위를 견디지 못하고 괴로워하자 두 어른은 봄이 되면 괜찮을 것이라며 무심하게 넘기고 말았다. 후에 돌아보면 그런 것이 발병의 원인으로 생각되기도 한다.

존당 양 대인이 본디 검박하고 간략하사 절용節用을 굳게 하고 의약을 대수롭지 않게 여기시는 까닭에 그 큰 병을 앓은 끝에 원기가 떨어지고 비위가 잠겼거늘 약으로 비위를 열고, 계고鷄膏·육즙肉汁 등으로 보원을 아니하시고 흰밥과 미역국을 극보로 아시어 그것으로 보원하고자 하나 약한 비위에 어찌 물리지 않으리오.

존당 양 대인은 차가운 곳을 익숙하게 여기고, 더욱이 할아버님은 본디 찬 것을 더 좋아하시어 엄한嚴寒이라도 과히 더운 것을 취하지 않으셨다. ……어느 선비가 밤에 독서를 아니하리오마는, 찬방 냉지에서 시좌侍坐하여 밤이 깊도록 글을 읽다가 두 분 어른이 취침하신 후에는 매양 안방에 들어가 어머니와 담소하고 나서 잠자리로 나아갔다. 지극히 추운 겨울날에 한기와 허기가 지니 서너 차례 국수를 말아 먹이실 새 어한禦寒을 겸하여 자시기를 과히 하고 양 대인의 기다리심을 걱정하여 총총히 나가 찬 몸에 내려오지 못하고 찬 데서 자니 어찌 체하지 않겠는가. 이렇듯 서너 차례 격일로 하다가 문득 체설滯泄이 되니, 오호 하늘이여. 이 우연한 빌미로써 차마 사람의 단명할 마디 되게 하리오.

이렇듯 남편의 병이 진행되는 과정에서도 조씨의 시부와 시조부는 대수롭지 않게 여겨 스스로 차차 나을 것만 바라고 의약을 쓰지 않았다. 몸을 보해줄 약이나 육즙을 먹여야 하는데 미역국을 큰 보약처럼 먹였다. 그마저도 남편은 비위가 약해 물려버리고 말았다.

추위에 잘 견디지 못하는 약질인 아들은 추운 것을 더 좋아하는 할아버지와 아버지를 모시고 밤이 깊도록 책을 읽었다. 두 분이 겨우 잠드시고 나면 이번에는 어머니에게 들어가 담소를 나누고 어머니가 말아주는 국수를 먹었다. 밤에 과식을 하고 찬 데서 잠을 자니 체하게 되었다. 결국 시댁어른들의 무심한 행동이 아들을 힘들게 하고, 아들은 효를 행하려다 자신의 몸을 다치고 말았던 것이다.

오히려 친정아버지가 와서 보고 비접할 것을 청해 사위를 데려가 의원을 부르고 약을 먹이는 등 적극적으로 간호했다. 시댁과 친정이 병에 대처하는 방법이 다르다는 것을 끊임없이 비교해 시댁의 방법이 결국 남편을 단명하게 했다는 것을 은연중에 언급하고 있다. 시댁은 본디 검약해서 약을 쓰는 것을 별로 좋아하지 않을 뿐 아니라 친정아버지가 보내온 약을 먹는 남편을 보고 오히려 처가의 것만 좋아한다고 꾸중하는 바람에 치료를 계속할 수 없었던 것이다. 풍양 조씨는 그런 과정에서 느낀 서운함과 야속함을 글 속에서 은근히 드러냈다.

남편은 열일곱에 발병한 후 조금 차도가 있는 듯하다가 열아홉이 되던 해에 다시 발병하고 스무 살에 병세가 급하게 악화되어 세상을 떠났다. 남편의 죽음이 임박해 풍양 조씨가 쓰러지며 통곡하니 아버지는 딸을 보듬으며 절대 따라 죽어서는 안 된다고 설득했다. 조씨의 남편이 죽고 곡소리가 온 집안에 울려 퍼지자 아버지는 기절한 딸을 방에 데리고 들어가 미음을 먹이고 죽지 못하도록 곁을 지켰다.

혹시라도 딸이 자결할까 노심초사하며 적극 만류하는 아버지를 보며 딸은 죽음을 선택할 수가 없었다. 친정언니도 하나밖에 없는 동생을 잃고 병들어 죽을 것만 같았다. 죽어야 한다는 압박감과 죽은 후에 양가의 부모가 당할 참혹한 슬픔 사이에서 조씨는 삶을 선택했다. 그녀는 겨우 스무 살이었다. 그 후 마흔넷의 나이로 세상을 떠나기까지 20여 년을 청상으로 살았다.

이 기록은 왜 죽지 않고 살아남을 수밖에 없었는가에 대한 자기변명도 겸하고 있다. 남편의 발병과 죽음에 이르는 과정을 자세하고 길게 서술한 데 비해 남편이 죽은 후의 삶은 짧게 생략했다. 200쪽에 이르는 긴 분량에 여러 인물이 생동감 있게 그려져 있어서 조선시대 후기의 평범한 양반가의 생활상을 엿볼 수 있다.

---

3) 부모 생전에 제대로 봉양하지 못했음을 슬퍼하는 내용으로 《시경》시 가운데 하나다.

■참고문헌■

규장각한국학연구원, 《조선여성의 일생》, 글항아리, 2010.

김여주, 《조선후기 여성문학의 재조명》, 성신여자대학교출판부, 2004.

김일근, 《언간의 연구 - 한글서간의 연구와 자료집성》, 건국대학교출판부, 1991.

남평 조씨, 전형대·박경신 옮김, 《역주 병자일기》, 예전사, 1991.

박무영·김경미·조혜란, 《조선의 여성들, 부자유한 시대에 너무나 비범했던》, 돌
　베개, 2004.

박석무 편역, 《나의 어머니, 조선의 어머니》, 현대실학사, 1998.

신명호, 《조선왕비실록》, 역사의아침, 2007.

원주문화원 엮음, 《임윤지당의 생애와 사상》, 원주문화원, 2002.

이연순, 《미암 유희춘의 일기문학》, 혜안, 2012.

이영춘, 《임윤지당 - 국역 윤지당유고》, 혜안, 1998.

이혜순 외, 《우리한문학사의 여성 인식》, 집문당, 2003.

이혜순, 《조선조 후기 여성 지성사》, 이화여자대학교출판부, 2007.

이혜순, 《한국고전여성작가의 시세계》, 이화여자대학교출판부, 2005.

이혜순·정하영 편역, 《한국고전여성문학의 세계 - 산문편》, 이화여자대학교출
　판부, 2003.

──, 《한국고전여성문학의 세계 - 한시편》, 이화여자대학교출판부, 1998.

정창권, 《홀로 벼슬하며 그대를 생각하노라》, 사계절출판사, 2003.

정해은, 《조선의 여성 역사가 다시 말하다》, 너머북스, 2011.

진재교, 《알아주지 않은 삶》, 태학사, 2005.

최기숙, 《문밖을 나서니 갈 곳이 없구나》, 서해문집, 2007.
한국고전여성문학회, 《조선시대의 열녀담론》, 월인, 2002.
허미자 엮음, 《한국여성시문전집》, 국학자료원, 2004.
허미자, 《한국여류문학론》, 성신여자대학교출판부, 1991.
홍인숙, 《누가 나의 슬픔을 놀아주랴》, 서해문집, 2007.

운명과 저항의 갈림길에 선 조선 여성들의 내면 읽기

조선에서 여성으로 산다는 것

초판 1쇄 발행 2014년 5월 30일 초판 4쇄 발행 2014년 10월 31일

지은이 임유경 펴낸이 연준혁

기획 설완식

출판 2분사 분사장 이부연
1부서 편집장 김남철
편집 이지은

제작 이재승

펴낸곳 (주)위즈덤하우스 출판등록 2000년 5월 23일 제13-1071호
주소 경기도 고양시 일산동구 정발산로 43-20 센트럴프라자 6층
전화 031)936-4000 팩스 031)903-3893 홈페이지 www.wisdomhouse.co.kr
종이 화인페이퍼 인쇄·제본 현문인쇄 후가공 이지앤비

값 14,000원 ⓒ 임유경, 2014
SIBN 978-89-93119-71-8 03900

국립중앙도서관 출판시도서목록(CIP)

조선에서 여성으로 산다는 것 : 운명과 저항의 갈림길에 선 조선
여성들의 내면 읽기 / 지은이: 임유경. -- 고양 : 위즈덤하우스,
2014
  p. ; cm

SIBN 978-89-93119-71-8 03900 : ₩14000

조선 시대[朝鮮時代]
여성 생활[女性生活]

911.05-KDC5
951.902-DDC21   CIP2014015089